Just Sit

Just Sit 일단 앉으면

1판 1쇄 인쇄 2018. 10. 12.
1판 1쇄 발행 2018. 10. 19.

지은이 수키 노보그라츠, 엘리자베스 노보그라츠
옮긴이 김훈

발행인 고세규
편집 고정용 | 디자인 정지현
발행처 김영사
등록 1979년 5월 17일(제406-2003-036호)
주소 경기도 파주시 문발로 197(문발동) 우편번호 10881
전화 마케팅부 031)955-3100, 편집부 031)955-3200 | 팩스 031)955-3111

값은 뒤표지에 있습니다.
ISBN 978-89-349-8358-3 03180

홈페이지 www.gimmyoung.com   블로그 blog.naver.com/gybook
페이스북 facebook.com/gybooks   이메일 bestbook@gimmyoung.com

좋은 독자가 좋은 책을 만듭니다.
김영사는 독자 여러분의 의견에 항상 귀기울이고 있습니다.

이 도서의 국립중앙도서관 출판시도서목록(CIP)은 서지정보유통지원시스템 홈페이지
(http://seoji.nl.go.kr)와 국가자료공동목록시스템(http://www.nl.go.kr/kolisnet)에서
이용하실 수 있습니다.(CIP제어번호 : CIP2018031113)

Just Sit
일단
앉으면

**숨쉬기보다
쉬운
명상
가이드북**

수키 & 엘리자베스 노보그라츠

김훈 옮김

김영사

차 례

우리는
서로의 집으로
걸어가고
있을 뿐이다

람 다스 Ram Dass

1963년 여름 어느 희뿌연 석양녘에 엘리자베스의 아버지이자 훗날 수키의 시아버지가 될 로버트 노보그라츠는 일과 후에 동네를 달리며 땀 흘리는 것으로 하루의 피로를 떨쳐버리기 위해 평소처럼 집을 나섰다. 당시 26살의 군 장교였던 그는 아내 바바라, 두 자녀와 더불어 디트로이트시 교외에 살고 있었다. 얼마 전까지만 해도 그는 미육군사관학교 미식축구 선수로서 전국대회에 출전한 적이 있었고, 그 후 군사훈련을 받는 기간 내내 꾸준히 체력을 단련해왔다.

이날 저녁 그가 집에서 3km 정도 떨어진 곳에 이르렀을 때 경찰차 한 대가 그의 곁에 멈춰 섰다.
   경찰관 하나가 "꼼짝마!"라고 소리쳤다. 그리고 나서 경찰관 두 명에 차에서 튀어나오더니 양쪽에서 그를 붙잡는 바람에 로버트는 그만 어안이 벙벙해졌다.
   경관 하나가 퉁명스럽게 물었다. "뭔 짓을 하고 그렇게 내빼는 거야?"
   로버트는 당황해서 시키는 대로 가만히 서 있다가 대답했다. "운동하고 있는데요."
   두 경관은 수상쩍어하는 눈길로 그의 몸을 위아래로 훑어봤다. 때는 1963년이었고, 당시에는 저녁식사 전에 조깅을 하는 경우가 드물었다. 로버트는 군인신분증을 꺼내 건네주며 말했다.
   "그냥 달리고 있을 뿐이에요. 달리다 보면 몸매가 좋아지고 힘든 하루 끝에 긴장을 푸는 데 도움이 되니까요. 그뿐입니다."
   경찰관들은 여전히 경계의 눈초리로 그를 훑어봤다.
   "좋아요. 댁을 체포하지는 않겠어요. 하지만 집까지 데려다 드리죠."

7

로버트는 여느 범죄자처럼 경찰차의 뒷좌석에 올라탔다. 경찰차가 로버트의 집 앞에 도착했을 때 경찰관들은 그의 말이 맞나 확인해보기 위해 그를 양쪽에서 호위하고 현관 앞으로 갔다. 로버트의 아내에게 확인을 받은 경찰관들은 그에게 몇 가지 더 물어본 뒤 떠났다.

요즘 이런 이야기를 들으면 누구나 다 웃을 것이다. 사람들 대부분이 운동을 하고, 그렇지 않다 해도 최소한 달리기가 건강에 좋다는 것을 누구나 인정하는 시대이니까. 오늘날 명상은, 1960년대 조깅이 처했던 것과 비슷한 처지에 놓여 있다. 사회의 주류에서 인기를 끌고 있기는 하지만 아직도 회의 어린 눈길로 보는 이들이 많고, 거부감과 비웃음을 보이는 이들도 적지 않다. 문화 전체로 볼 때 명상의 이로움을 전적으로 부정하는 시점은 지났지만, 규칙적인 운동을 하거나 채소를 먹거나 금연을 하는 것만큼 명상이 건강에 유익한 것이라고 확신하는 정도까지는 아직 이르지 못했다. 사람들은 여전히, 당신이 특별히 어떤 것도 응시하지 않은 채 방바닥에 꼼짝하지 않고 앉아 있는 광경을 볼 때 꼭 미친 사람 보듯 당신을 쳐다볼지도 모른다. 하지만 그렇다고 해서 경찰을 부르지는 않을 것이다.

　1960년대 사람들은 조깅을 하지 않았고, 인공적인 맛을 가미한 젤라틴을 먹으면서 그걸 샐러드라고 불렀다. 그로부터 50년 뒤 해마다 수십만 명의 미국인이 마라톤 대회에 참가하고, 퀴노아(잉카 언어로 '곡물의 어머니'라는 뜻을 가진 퀴노아는 남미 안데스의 고산 지대에서 수천 년간 재배해 온 곡물로 미국, 유럽, 일본 등에서 건강식으로 인기가 높아지면서 국내에서도 서서히 주목받고 있다-옮긴이)와 이파리 채소들을 우리네 식탁의 단골 음식들로 여기고 있다. 앞으로 50년 뒤에는 명상하는 것이 아주 흔한 일이 될 공산이 크다. 그러니 이 책을 다 읽고 난 다음에는 직접 명상을 해보시길.

명상은 찌질이들을 위한 게 아냐!

명상이 삶을 변화시켜줄 것이라는 말은 사실입니다. 명상은 당신을 더 건강하고 멋지고 참을성 있는 사람으로 만들어줄 수 있습니다. 더 나은 부모로, 더 다정하고 부드러운 배우자로, 더 창조적인 사람으로 만들어줄 수 있습니다. 명상은 혈압을 낮춰주고 숙면을 하게 해줄 겁니다. 살을 빼고, 주름을 펴고, 더 나은 섹스를 하는 데도 도움이 될 겁니다. 슬픔을 이겨내고 트라우마에서 벗어나게 해주며, 사랑은 더 하고 싸움은 덜하게 해줄 겁니다. 명상은 당신을 빛나게 해줄 거예요.

명상에는 시간이 많이 들지 않아요. 하루에 20분 정도만 할애하면 됩니다. 드라마를 보거나 손톱 손질하는 데 드는 시간보다 더 짧죠. 그리고 명상에는 돈이 전혀 들지 않아요. 특별한 장비도 필요 없어요. 명상을 하는 사람은 지저분한 히피거나 이상한 종교의 광신도일 거라고 낙인찍는 사회 풍조는 이미 오래전에 사라졌습니다. 본질적으로 명상은 아주 근사한 것이고, 약간의 노력만 해도 큰 보상이 따라옵니다.

한데 한 가지 작은 함정이 있습니다. 실제로 명상을 하지 않으면, 아무 의미가 없다는 것이죠. 명상을 하겠다고 마음먹고, 명상에 관한 이야기를 하고, 어느 날 명상센터에서 더없는 행복감을 맛보는 몽상에만 빠져 있어봤자 아무 소용이 없어요. 바로 그런 것들이야말로 대부분의 사람들이 실제로 앉아서 명상하는 것을 방해하는 요소가 됩니다.

대체 왜 그러죠? 그냥 앉아서 명상하는 게 뭐 그리 어려운 일이라고?

여기서 우리는 당신이 명상을 하고 있지 않다고 전제하고서 이야기하고 있어요. 적어도 매일 꾸준히 하고 있지는 않다고. 매일 명상을 하고 있다면 굳이 명상에 관한 책을 읽으려 들지는 않을 테니까. 일단 명상하는 법을 배우고 매일 명상을 한다면, 갑자기 긍정적인 온갖 변화가 과거 그 어느 때보다 더 빨리, 더 쉽게 일어날 거고, 또 오래 지속될 거라고 장담할 수 있습니다. 명상은 우리가 알고 있는 변화의 수단들 중에서 가장 빼어난 것입니다. 우리는 체중을 10kg 줄이고 싶어 할 수도 있고, 좋지 않은 관계에서 벗어나고 싶어 할 수도 있고, 차가 막혔을 때 참을성 있게 기다릴 줄 아는 사람이 되고 싶어 할 수도 있어요. 당신이 뭘 바라든 간에 명상은 당신이 그 목표에 이르는 데 도움이 되어줄 거예요. 명상을 오래 하면 할수록 지루한 느낌은 덜해지고 더욱더 근사한 경험으로 다가올 거예요. 모두가 조금이라도 더 빨리 명상을 하고 싶어 하기 시작할 거예요.

가끔 우리는 위기를 통해서 자신이 변화할 필요가 있다는 사실을 깨닫곤 합니다. 많은 사람들이 삶을 전체적으로 되돌아보는 과정에서, 혹은 이혼, 배우자의 배신, 죽음, 그 밖의 고통스러운 트라우마를 겪었을 때 명상에 관심을 가집니다. 비록 고통스럽기는 하지만, 종종 이런 것들을 강력한 기폭제로 삼아 진지한 자세로 변화를 모색하곤 합니다. 만일 위기를 겪고 있다면, 심리치료사나 심리학자, 혹은 사회복지사를 찾아갈 수도 있습니다. 하지만 걱정할 필요 없어요. 슬픈 일을 겪었을 때는 그저 감촉 좋은 요가복 한 벌만 있으면 됩니다. 명상의 좋은 점은, 당신이 누구든, 어떤 상태이든 상관없이 할 수 있다는 거고, 오늘이야말로 명상을 시작하기 가장 좋은 날이라는 점입니다.

예전에 우리 두 사람은 건강 관련 웹사이트를 운영하면서 요가, 케일, 반사요법(손, 발바닥 등을 마사지하는 건강요법-옮긴이), 호두 바디스크럽, 에센셜 오일 등에 관한 이메일을 매일 보냈어요. 미국 전역에 독자들이 있었고, 약간의 유머가 가미된 충실하고 실질적인 정보를 원했던 많은 이들이 우리에게 답신을 해왔죠. 독자들의 이메일에는 단순한 질문뿐만 아니라 개인적인 견해나 제안도 많이 있었어요. 어떤 이들은 강황이 들어간 음식의 레시피에 관해 질문했고, 또 어떤 이들은 달리는 데 도움이 되는 요가에 관해 알고 싶어 했고, 선크림에 관한 정보를 얻고 싶어 하는 이들도 있었어요. 하지만 독자들이 가장 목말라 했던 것은 바로 명상에 관한 정보였습니다.

명상을 시작하려는 독자들은 대부분 명상이 정신적, 육체적, 정서적 건강에 도움이 될 것이고, 그 밖에도 수많은 이점을 갖고 있으며, 자기네의 삶을 바꿔줄 가능성이 있단 걸 이미 알고 있었어요. 하지만 명상이 실제로 어떤 것이고, 구체적으로 어떻게 해야 하는 것인지는 잘 알지 못했죠.

당시 우리 두 사람은 명상에 점점 더 관심을 가지던 중이었어요. 조용히 묵상하기도 하고, 명상에 관한 워크숍이나 수업에 참여하기도 했죠. 명상에 관한 여러 책을 읽었고, 명상에 관해서 가르치는 구루나 성직자나 지도사들과도 대화를 나눠봤어요. 그런데 독자들의 질문을 죽 훑어보다 보니 우리가 명상에 관해 얼마나 무지한가를 절감하게 되었습니다. 그건 우리가 명상을 제대로 하지 않았기 때문이죠. 적어도 우리는 명상을 매일 하지는 않았어요. 솔직히 말해 어떤 때는 일주일에 한 번도 못했고, 또 어떤 때는 기껏해야 한 달에 한두 번 정도 할 뿐이었습니다.

요컨대 분수에 넘치는 짓을 하고 있었던 셈입니다. 이미 명상에 관한 칼럼을 적어도 25개 이상 인터넷에 올렸으니까. 그러면서 우리는 실제로 매일 자리에 앉아서 마음을 고요히 가라앉히고 명상 수행을 하지 않는다면, 글로 풀어내는 내용을 실천에 옮기지 않을 뿐만 아니라 명상이 참으로 뭘 뜻하는지 제대로 알지도 못하는 사람들이 되리라는 것을 알았습니다.

그래서 우리는 열심히 명상을 했어요. 우리 독자들 못지않게 그런 질문들에 대한 답을 알고 싶었어요. 명상이 그토록 대단한 것이라면 어째서 모든 사람이 다 그걸 하지 않는 거지? 그것은 정말로 삶을 전환시켜줄 수 있을까? 명상과 관련된 의학적 선전은 과연 맞는 것일까? 명상은 피부가 처지고 주름이 지는 것을 비롯한 온갖 노화작용을 저지하는 데 정말로 도움이 될까? 육아에는? 창의력에는? 인내심에는? 자존감에는?

답을 구하기 위해서는 그저 딱 한 가지만 하면 됐어요. 앉기. 탐구하고, 여행하고, 더 자주 앉는 것. 우리는 집에서, 사무실에서, 길에서, 호텔 방에서, 명상센터에서, 인도에 가서, 마룻바닥에서, 방석에 앉아서, 소파에 앉아서, 풀밭에서, 모래밭에서, 도보여행을 하면서 명상을 했습니다. 우리는 명상을 했고, 많은 것을 배웠고, 많은 이들과 이야기를 나눴습니다. 그러면서 명상에는 어떤 비결이 없고 그저 매일 자리 잡고 앉기만 하면 된다는 것을 알았습니다.

어느 시점에 이르러 우리는 이메일을 보내는 것보다 더 중요한 일을 해야겠다고 생각했습니다. 《Just Sit 일단 앉으면》은 친구들, 식구들, 인터넷 커뮤니티에서 받은 질문을 바탕으로, 책 내용을 풍요롭게 해주고 맛깔스러움을 더해줄 수 있는 깊이 있는 배경지식과 연구를 담는 과정에서 태어났습니다. 우리는 이 행성에 사는 모든 사람이 명상을 통해서 이로운 결과를 얻으리라는 것을, 우리가 매일 마음을 느긋하게 먹고 자리에 앉기만 한다면 실제로 이 세상이 훨씬 더 사람 살 만한 곳이 되리라는 것을 알고 있습니다. 우리가 이 책을 쓴 건 명상의 신비로운 면을 거둬내고, 여러분과 아울러 우리 사회를 돕고, 무슨 일이 있어도 매일 자리에 앉을 만한 마음이 나도록 하기 위해서였어요.

명상이 서구에 도입되기까지

명상의 역사는 5천 년, 혹은 그 이상이다! 오래 되었다고 해서 꼭 대단한 것은 아니지만, 명상은 정말로 대단히 가치 있는 것이다.

기원전 4세기 ~ 기원전 1세기

인도의 파탄잘리Patanjali가 요가 지침서인 《요가 수트라Yoga Sutras》를 썼다. 이 수행은 아쉬탕가Ashtanga, 즉 여덟 개의 가지limbs라고 부르는데, 거기에는 아사나asana(자세), 프라나야마pranayama(호흡법), 다양한 명상법 등이 포함되어 있다. 이 책은 기원전 400년 이래 세계 도처에서 요가 지도자들의 아주 믿음직한 안내서 역할을 해왔다.

1893년

스와미 비베카난다Swami Vivekanada가 시카고에서 영성에 관한 강연으로 미국 전역을 뒤흔들었다. 온 나라가 그와 사랑에 빠졌다. 그는 역사상 처음으로 미국 대중에게 명상을 소개했다.

1967년

비틀즈가 초월명상TM법을 개발한 마하리시 마헤시 요기Maharishi Mahesh Yogi를 만났고, 갑자기 세계 도처의 쿨 키드들이 방석에 앉기 시작했다. 서구 사회에서 초월명상의 인기가 엄청나게 높아졌다.

1971년

람 다스 Ram Dass 가 대항문화counter-culture의 바이블 격인《지금 여기에 존재하라Be Here Now》를 씀으로써 많은 미국인들을 깊은 잠에서 깨워 일으켰다.

1990년

오가와 세이지 Ogawa Seiji 교수는 기능성 자기 공명 영상 FMRI 을 사용해서 명상이 뇌에 미치는 효과를 측정할 수 있다는 사실을 발견했다. 그 연구는 요가 수행자들이 끊임없이 이야기해온, 명상이 뇌의 신경가소성neuroplasticity을 변화시킨다는 주장이 옳음을 입증했다.

1975년

이완반응 Relaxation Response 허버트 벤슨Herbert Benson이 명상을 치료법으로 처방한 서구 최초의 의사가 되었다. 허버트 만세!

1979년

존 카밧진 Jon Kabat-Zinn 이 MBSR, 즉 긴장 완화를 바탕으로 하는 마음챙김 Mindfulness Based Stress Reduction을 서구에 도입했다.

1980년

스타워즈가 상영된 직후 요다 Yoda 가 명상하는 장면에 깊은 인상을 받은 제다이 기사 지망생들이 도처에서 나타났다.

2014년

명상이 사회의 주류가 되었다. '마음챙김 혁명Mindful Revolution' 이라는 제목이《타임Time》지 2월호 표지를 장식했다.

CHAPTER 1

시작은 쉽게:
앉는 데 도움이 되는 지침

명상을 하고 싶다는 마음을 먹긴 했는데…

명상이 굉장한 것이고 그것이 당신의 삶을 변화시켜줄 거라는 얘기를 누군가에게서 듣긴 했는데 막상 명상을 해보려고 하면 아마 잘 되지 않았을 거예요. 자리에 앉고 나서 60초밖에 안 지났는데 명상이 잘 되는 것 같지 않다는 느낌이 들었을 수도 있어요. 지금은 명상하기에 좋은 때가 아니라거나 복사뼈가 아프다거나 욕조청소 같은 일을 하는 게 더 중요하다는 느낌이 들기도 했을 거고, 왠지 어색하거나 불편하다는 느낌이 들었을 수도 있어요.

놀라지 마세요. 그것은 지극히 정상적인 반응이랍니다. 우리가 알고 있는 한, 명상을 해보려고 했던 사람들 중에서 그런 식의 저항감과 부딪쳐보지 않은 사람은 아무도 없습니다.

대다수 사람들은 명상의 첫 단계인 실제로 앉기 단계에 들어서기도 전에 명상을 할 수 없는 온갖 이유를 떠올립니다. 명상은 지루해, 나는 너무 바빠, 나한테는 성스러운 데가 없어, 너무 완고해, 너무 속된 인간이야. 혹은 명상이 대단한 것이라는 데는 동의하지만, 그런 것은 나 말고 다른 사람들에게만 해당되는 얘기라고 생각합니다.

미지의 새로운 어떤 일을 시작한다는 것은 왠지 어리석고 한심한 일처럼 여겨질 수 있습니다. 그럴 때는 취약한 상태에 빠진 것 같아 불편한 기분이 될 수도 있고 맞닥뜨리고 싶지 않은 온갖 불안감이 일어날 수도 있습니다. 다 큰 어른들이 새로운 어떤 일을 하려고 할 때 흔히 진짜로 그렇게 해보기도 전에 지레 포기해버리는 것은 바로 그 때문입니다.

일단 첫 단계를 밟았다 해도 거기서 도전이 끝나는 것은 아닙니다. 자리에 앉아서 계속 명상을 하는 것은 더 힘든 일이 될 수 있죠. 우리는 그렇게 나타난 불편한 기분, '내가 왜 이런 짓을 하고 있지' 하는 생각을 묵묵히 참아내지 못하고 다시 명상을 중단해야 할 온갖 핑곗거리를 만들어낼 겁니다. 시도는 했는데 너무 힘들고, 시간 낭비 같고, 내게 맞지 않는 일 같기만 합니다. 자기 외부의 어떤 핑곗거리, 곧 스케줄이라든가 가족을 핑계로 삼기도 하고 또 어떤 때는 자괴감에 빠져들기도 합니다.

명상은 그렇게 복잡한 게 아냐

이 세상에 명상을 통해서 이익을 얻을 수 없는 사람은 아무도 없습니다. 명상은 스스로에게 줄 수 있는 최상의 선물이 되겠지만, 직접 체험을 해보기 전까지는 그걸 미처 깨닫지 못할 거예요. 그리고 그걸 알았을 때 스스로에게 물을 거예요. '내가 왜 그렇게 오랫동안 뜸을 들였지?' 하지만 전혀 마음 쓸 것 없어요. 지금 당장 시작할 수 있고, 우리가 도와줄 거니까요.

정말로 미루기만 한 건 아니었어

당신은 이미 명상에 관해 많은 생각을 해봤을 거예요. 명상에 관한 기사들을 읽고, 안내 프로그램과 앱을 내려 받고, 친구들과 명상에 관해 이야기를 나누고, 사실은 명상에 관해 잘 알지도 못하면서 남들에게 권하기도 했을 거예요. 그러는 동안 실제로 명상을 하지는 않았지만, 그 모든 노력은 생각보다 더 도움이 되었어요. 그것은 땅을 고르고 씨앗을 뿌리는 것과 같은 일이에요. 그런 상태에 안주하다가 그만 두는 게 문제죠. 여기가 바로 우리가 등장할 시점이에요. 당장 일어나 소파에서 방석으로 옮겨 앉도록, 준비 단계에서 실제로 명상하는 단계로 넘어가도록, 가짜 명상이 아니라 진짜 명상을 하도록 우리가 도와줄 거예요.

명상은 마음을 가라앉히고, 반응하는reactive 것이 아니라 감응하는responsive 법을 배워 익히고, 당신을 깨어나게 해서 머릿속에서 끊임없이 오가는 온갖 생각의 수다에서 벗어나도록 훈련시키는 방법입니다. 그것은 마음을 위한 트레이닝이며, 운동을 할 때 실행, 연습, 훈련이 필요한 것과 마찬가지로 명상을 하는 데도 실행, 연습, 훈련이 필요하다는 것을 뜻합니다. 그리고 운동을 할 때와 마찬가지로 하루아침에 성과가 나오지는 않아요. 성과는 시간과 노력을 들이고 꾸준히 지속해야 나오죠. 스피닝spinning 클래스에 등록한 첫날, 당신의 기분은 평소보다 더 좋아질 수도 있겠지만, 하루 운동을 했다고 해서 산후 찐 살이 5kg씩이나 확 빠지지는 않을 것예요. 명상도 그와 같아요.

새 운동 프로그램처럼 곧바로 시작해야 합니다. 달려들어서 일단 해봐야 해요. 뜸들이고, 명상에 관해 얘기하고, 생각해보고, 회피하는 짓은 그동안 할 만큼 했잖아요? 당신은 명상하는 법을 이미 알고 있어요. 그것은 당신 안에 있습니다.

우선 2분 동안 해보세요. 지금 당장 타이머를 누르고 시도해보세요. 다음 페이지에서는 앉는 데 도움이 되는 몇 가지 간단한 지침을 줄 거예요. 그 다음에 이어지는 일곱 개의 장에서는 그 2분을 평생의 훈련으로 이어갈 수 있도록 도와줄 거예요.

앉는 것도 방법이 있나?

1

앉으세요

어떻게 앉건 상관없어요.
의자에 그냥 앉아도 되고,
마룻바닥이나 나무 밑에서
책상다리 자세, 혹은 결가부좌나
반가부좌 자세로 앉아도 됩니다.

3

팔과 손

긴장을 풀고, 양손을 허벅지 위에
가볍게 올려놓으세요.

5

타이머 맞춰놓기

핸드폰을 에어플레인 모드로 해두는 것을
잊지 마세요. 2분 정도로 시작해서 점차
시간을 늘려가도록 하세요.

7

여기서 잠깐!

분주하게 오가는 생각들, 곧,
**지금 이러고 있을 때가 아닌데, 바다표범을
구해줘야 하는데, 이렇게 하는 건 바보 같은 짓이야,**
같은 생각들을 지켜보세요.
이렇게 잡다한 생각이 일어나는 것은 지극히
정상적인 일이며, 당신이 명상하기 위해서 앉을 때는
아마 속이 훨씬 더 시끄러워질 겁니다.

2

눈을 감으세요

눈을 뜨는 게 더 편하면, 촛불이나 벽의
반점 같은 것들에 초점을 맞추고 편안히
응시하도록 하세요.

4

다리와 발

허리를 반듯이 세우세요.
의자에 앉아서 할 때는 발로
바닥을 딛도록 하세요.
방석에 앉아서 할 때는 책상다리
자세, 혹은 결가부좌나 반가부좌로
앉으세요.

6

워밍업

몸에서 어떤 일이 일어나는지
찬찬히 살펴보세요.
등에서는 어떤 느낌이 일어나나요?
다리에서는?
그 다음 심호흡을 열 번 하세요.
그러면 운동 전 워밍업을 할 때처럼
부교감신경계가 활성화될 겁니다.

어디에 주의를 기울이는 것이 좋을까?

삿 남
삿 남

호흡

호흡에 초점을 맞추세요. 들이쉬고 내쉴 때의 숨소리에 주의를 기울이세요. 배가 오르내리는 감각에 주의를 기울이세요.

의지처

만트라mantra(명상이나 기도를 할 때 반복적으로 외우면서 집중하는 신성한 단어나 구절, 주문 혹은 기도문-옮긴이), 호흡을 주시하거나 그 숫자를 세는 것, 이미지(눈을 뜨고 있다면) 같은 것들이 의지처가 될 수 있습니다. 가끔 호흡과 주문을 함께 의지처로 사용하는 것이 가장 쉬운 방법이 되기도 합니다. 6장에서 이에 관해 좀 더 상세히 이야기할 거예요. 지금은 우선 이렇게 시작하세요. 숨을 들이쉴 때 속으로 '삿Sat', 내쉴 때 속으로 '남Nam'이라고 하세요.

생각

온갖 생각이 자주 일어날 거예요. 자신이 낙담해 있는지, 욕구불만인지, 화가 나 있는지 알아차리도록 하세요. 그런 상태라도 상관없어요. 여기서 핵심이 되는 말은 '너그러움'입니다. 생각을 하고 있다는 것을 알아차릴 때마다 주의를 호흡 쪽으로 살며시 돌림으로써 생각이 저절로 사라지게 하세요.

'저항감'이라는 녀석과 직면하기

명상하기 위해서 앉는 순간은 흔히 명상에 대한 저항감이 은신처에서 나타나 당신을 위협하는 때이기도 합니다. 그것은 은밀하게 나타나기 때문에 면밀히 주시해야 해요. 명상을 할수록 저항감이 명상과는 무관한 일상에서도 온종일, 매일 일어난다는 것을 알아차리기 시작할 겁니다.

　명상이 지닌 많은 장점 중의 하나는 명상을 하면 할수록 우리의 어지럽고 편협한 마음속에서 온갖 저항감이 출몰한다는 것을 알아차리기가 더 쉬워진다는 점이에요. 우리가 그런 감정을 알아차릴 때 그것은 힘을 잃기 시작합니다.

그 마음이 밥 먹기 싫어하는 응석받이 아이와 비슷하다는 것을
알아차리게 될 거예요.

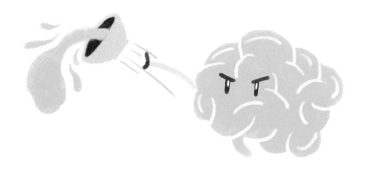

문제의 녀석

저항감 또는 NO

저항감, 또는 거부감을 사람이라고
생각해봅시다. 그 녀석은 에너지를
빨아먹는 진공청소기, 사람들을
돕는 것 같으나 실제로는 그들의
나쁜 행동을 부추기는 협잡꾼, 못된
불량배입니다. 하지만 그는 당신의
가장 소중한 친구인 척하고 나타날
거예요. 그는 불안, 근심, 불확실성을
먹고 자랍니다.

그의 적들은 겸손함, 수용, 너그럽게
놓아주기입니다. 그의 가장 막강한
적은 바로 명상입니다! 저항감은
수시로 모습을 바꾸니 속지 말아야
해요. 당신은 그가 출몰할 때마다
대번에 그를 알아차리고 주시할 수
있는 능력을 갖춘 슈퍼히어로가
되어야 해요. 엑스레이 같은 투시력
이 있으면 좋겠죠? 그는 사기꾼이
고, 당신의 마음을 뒤흔들기 위해 늘
숨어 있다는 점을 잊지 마세요.

저항감은 여러 가지 모습으로 나타난다

주의: '저항감'이 숨어 있는 은신처들

지금은 명상할 시간이 없어, 너무 피곤해, 방석 없이는 앉을 수 없어, 다른 할 일이 너무 많아, 지금은 명상할 기분이 아냐, 이 따위 생각들과 씨름하고 싶지 않아.

NO

미술 수업을 받고 싶지 않아, 내 그림 솜씨는 엉망이야, 나는 그 사람들이 싫어, 내 스케줄은 너무 빡빡해.

그 사람은 내 타입이 아냐.

나는 춤을 못 춰, 멍청해 보여, 춤 출 때 엉덩이가 출렁거려.

그럴 기분이 아냐, 마음이 나질 않아, 기분 다운됐어.

NO

시간도 돈도 도움도, 능력도 없어.

나는 스케이팅에 젬병이야, 수영할 줄 몰라, 제대로 뛰지도 못해, 무릎이 좋지 않아, 맞는 옷이 없어, 운동화를 집에다 두고 왔어, 너무 늦게 왔어, 배고파, 한잔해야해, 우울증 치료제가 필요해.

NO

저항감에 어떻게 대처하면 좋을까?

방석에 앉아서 그를 주시하세요. 잘 지켜보세요. 점심식사나 술 한 잔을 줘서 보내버려도 좋아요. 이렇게 하면 놀랍게도 NO가 '좋아, 해보자'로 바뀝니다. 당신은 그를 돌파하고 넘어설 수 있습니다. 그의 존재를 알아차려야 하지만 그의 지시를 따를 필요는 없어요.

당신이 할 일은 그저 주시하고, 주시하고, 주시하는 것.

멀리할 것들

근심걱정

마음은 저항하는 습성이 있어요. 처음부터 온갖 생각들이 날뛸 거예요. 그런 생각의 상당수가 명상 대신에 해야 할, 또는 할 수 있는 모든 것들과 관련된 것들이에요. 이게 바로 저항이고, 이러한 현상은 지극히 정상적인 일이에요.

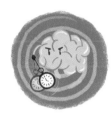

산란함

몸의 여러 감각이 마음속 생각처럼 일어났다가 사라질 거예요. 무릎이 너무 아파서 자리에서 일어나 다리를 좀 흔들어줘야겠다는 생각을 할 수도 있지만 사실, 무릎은 멀쩡해요. 그저 저항감 때문에 그런 감각이 일어날 뿐이죠. 마음이 몸과 짝짜꿍이 되어서 당신을 속이는 거예요. 그런 감각이 일어나도 그저 숨을 들이쉬고 내쉬기만 하세요. 그러면 상황이 변할 것이고, 그런 감각이 사라지기도 할 거예요. '이 또한 지나가리라'고 생각하세요. 모든 고통이, 아니 대부분의 고통이 언젠가는 지나가고야 말듯이, 이런 생각은 우리 삶에 훌륭한 은유가 되어주죠. 당신의 고통이 언젠가는 삶의 다른 영역들에 자양분이 되어줄 것이라는 점을 잊지 마세요.

졸음

우리는 항상 피곤하고 지쳐 있고, 〈오즈의 마법사〉의 도로시처럼 양귀비꽃에 취해 갑자기 노곤해질 수도 있어요. 이럴 때는 몸의 자세를 살펴보세요. 마음과 몸을 연결해주면 맑은 정신을 유지하는 데 도움이 될 수 있어요. 허리를 세우고 반듯하게 앉으세요. 그러기가 힘들다면 베개를 대고 앉거나 벽에 등을 기대고 앉으세요. 그저 잠을 더 자야 할 필요가 있을 때도 있으며, 그럴 때 우리는 가능한 한 잠을 더 잘 것을 권합니다. 하지만 명상하면서 자서는 안 돼요. 얼마간 명상을 하다 보면 에너지가 아주 강해진다는 것을, 그리고 밤에 숙면을 하는 데도 큰 도움이 된다는 것을 알게 될 거예요.

아직 잘 모르겠다구?

명상이 대체 어떤 것이고, 또 어떤 일을 하는 것인지와 관련해서 많은 오해가 있어요. 많은 사람들이 비현실적인 기대감과 생각을 갖고서 명상을 해요. 하지만 명상은 그런 것이 아니며 그런 기대감은 갖지 않고 시작하는 게 더 나을 수도 있어요.

명상은 _____가 아니다

생각을 멈추게 하거나 마음을 비우게 하는 방법

당신이 죽은 사람이 아닌 이상 마음이 텅 비거나 생각이 멈추는 일은 없을 거예요. 명상은 마음을 억누르려는 것이 아니라 마음을 차분히 가라앉히고 그 흐름을 주시하는 방법이에요.

화려한 불꽃놀이

번쩍번쩍한 건 클럽이나 버닝맨 축제(네바다 사막에서 해마다 거행되는 축제-옮긴이)에서나 찾는 게 나을 거예요.

영적인 황홀경

가끔 영적인 황홀경을 맛보려고 명상을 하려는 사람들이 있어요. 단언컨대 우리는 그런 것을 경험해본 적이 없어요. 하지만 또 알아요? 당신은 그런 걸 맛보게 될지. 만약 그런 경험을 하게 된다면 우리한테 꼭 알려줬으면 해요.

절대적인 고요함

절대적인 것은 뭐든지 진정으로 도움이 되는 것이 아니에요. 건 그렇고, '절대적 고요함'이라니? 그게 대체 뭐죠?

현실에서 잠시 로그아웃

그런 건 TV를 볼 때 흔히 일어나죠.

긴장 풀기

담배, 독한 술, 인스타그램 같은 데 빠져드는 것은 주의를 다른 데로 돌리는 아주 효과적인 방법들이죠. 하지만 명상은 약물을 복용하거나 소셜미디어에 꼴랑 빠져 넋을 잃는 것과는 정반대되는 것이에요. 명상은 마음을 주시하게 합니다.

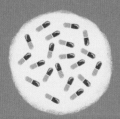

신경 안정제나 진정제

미안하지만 명상은 행복감을 안겨주는 알약 같은 것이 아니에요. 그런 게 있었다면 우리 모두가 진작 먹어봤을 거예요.

당신이 궁금해할 것들

이를 어찌할꼬!

지난해 여러 번 명상을 하려고 했습니다. 그런데 거실 바닥에 앉아서 눈을 감고 있으면 좀 한심한 기분이 듭니다. 어떻게 하면 이런 기분에서 벗어날 수 있을까요?

당연히, 그런 기분이 들죠. 거실 바닥에 앉아 가부좌를 하고 눈을 감으면… 감으면… 감으면… 그러다가 잠든 건 아니겠죠? 근본적인 질문은 이런 겁니다. 당신이 스스로를 한심하게 여기든 말든 누가 신경이나 쓴대요?

당신을 감시하고 있는 사람도 없고, 당신이 명상하는 모습을 페이스북에 올릴 사람도 없어요. 명상의 첫 단계는 '그냥 명상하는 거예요.' 스스로를 이겨내도록 하세요. 그냥 명상을 즐기세요.

어색하고 한심한 기분에서 벗어나는 데 도움이 될 몇 가지 팁

명상을 처음 시작할 때는 당연히 어색하고 불편한 기분이 들죠. 그런 기분에서 벗어나는 데 도움이 되는 몇 가지 방법이 있습니다.

- 의자에 앉아서 명상을 해보세요. 굳이 실내 중앙에 앉을 필요는 없어요.
- 시끄럽고 요란한 음악이 아니라 편안한 기분을 들게 해주는 음악을 틀어보세요.
- 담요를 사용해보세요. 그러면 마치 요람 속에 누워 있는 아기처럼 아늑하고 편안한 기분에 젖어들 수도 있어요.
- 명상 가이드 어플리케이션을 다운로드받아 사용해보세요.
- 타이머를 이용해서 명상을 끝낼 시간을 미리 설정하세요.

설명 좀 더 해줘

앉기만 해가지고도 마음을 훈련하는 데 도움이 된다구요?

앉아서 뭘 하는가에 달려 있어요. 명상을 하면서 당신은 주목을 끌려고 애쓰는 온갖 망념을 알아차리게 될 거예요. 앉아서 그것들을 주시하는 게 훈련의 핵심이에요. 그게 바로 명상이죠. 요다, 이소룡, 간디는 모두 아침식사 전에 명상을 했어요. 명상이야말로 '챔피언들의 아침식사 breakfast of champions'죠. 생각은 당신의 보물을 탐하는 성가신 해적들과도 같고, 당신의 가여운 뇌는 느닷없이 해적들의 갈고리에 걸려 납치당하곤 해요. 재미있는 건 그런 생각들을 그냥 지켜보는 것만으로도 그것들이 사라진다는 점이에요. 그 덕에 당신은 다시 마음의 운전대를 잡을 수 있게 되죠.

나태한 뇌

난 정신 똑바로 차리고 있는데 어째서 더 훈련해야 한다는 거죠?!

당신이 멍청하다는 뜻이 아니에요. 마음은 언제든 혼란에 빠질 수 있고, 쓸데없는 편견에 빠져들거나 틀에 갇힐 수도 있다는 얘기를 하는 거예요. 불쾌하게 하려는 뜻은 전혀 없어요. 명상은 온종일 당신의 마음을 휘젓는 낡은 습성과 쓸데없는 망념들에 스포트라이트를 비춰서 말끔히 걷어내는 방법이에요. 당신의 마음은 예리할 수도 있어요. 하지만 이 방법은 '지혜'를 키우는 일과 관련된 것이라 전혀 다른 근육들을 필요로 해요.

숨 쉬는 것만큼 앉는 것도 쉽다

명상은 누구나 할 수 있는 게 맞나요?

명상을 대단하다고 하는 사람들은 많아요. 나 빼고 다른 사람들에게만 대단한 것으로. 그들은 온갖 핑곗거리를 만들어내요. '나하고는 아무 상관없는 거야. 나는 히피가 아냐. 수행자가 아냐.' 한데 모든 인간은 숨쉴 수 있는 능력을 갖고 있어요. 지난 5천 년간 수많은 사람이 그랬어요. 어떤 사람이고 어디 출신이든, 아파트에서 살든 이동식 천막에서 살든 상관없이 우리 모두는 숨을 쉬고 있어요. 따라서 누구나 다 명상을 할 수 있죠. 아주 간단한 얘기입니다.

하루에 적어도 20분은 앉을 수 있잖아?
(언제 어디에서나 잠깐 명상)

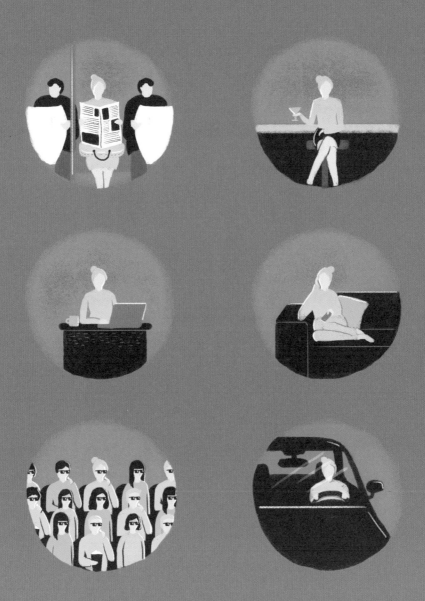

굳이 명상을 해야 하나?

명상이 삶을 변화시켜줄 것이라는 얘기를 자주 듣지만 아직 명상을 하지는 않습니다. 친구 중에 화가가 있는데, 그녀는 그림 그리기가 자기가 매일 하는 명상이라고 말합니다. 저도 그 비슷한 활동을 하면서 명상하는 것과 같은 결과를 얻을 수 있을까요?

앉는 건 정말로 앉는 거죠. 어딘가에 집중하거나 마음을 고요하게 해주는 활동들이 많지만, 그게 명상은 아닙니다. 그림 그리기에 완전히 몰입해 있다면, 대단히 근사한 마음의 흐름을 타고 있다고 할 만합니다. 열심히 그림을 그려 걸작을 만들어내고, 감동 받고, 감동을 안겨주도록 하세요. 하지만 그건 명상이 아니라 '그림 그리기'입니다. 명상은 그 자체로 고유한 것이고, 외적인 자극을 받지 않는 상태에서 마음을 탐구하는 기법이에요. 명상은 명상일 뿐입니다.

깜짝 파티는 싫어

이제 막 명상을 시작했는데 어떤 결과들을 예상할 수 있을까요?

명상을 막 시작했다면 아마 조금 어색하고 불편하고 바보 같고, 쓸데없는 짓을 하고 있는 것 같은 느낌이 들 거예요. 명상하는 데 서툰 것도 같고, 제대로 하지 못하는 것도 같고, 시간을 낭비하는 것 같은 기분도 들 거예요. 많은 사람들이 처음에는 다 그런 기분을 느껴요. 그런 기분에서 벗어나는 비결은 내일 다시, 그리고 모레 다시 명상을 하는 거예요. 그러면 느낌이 달라질 테니까. 변화는 곧 올 거예요. 반드시 실천하기만 한다면.

더 부세요, 더, 더, 더…

제 숨소리를 들을 수 있을 정도로 깊이 숨을 쉬어야 하나요?

평소처럼 숨을 쉬고 그 호흡에 집중하세요. 들이쉬면서 집중하고, 내쉬면서 집중하고. 특정한 상황들에 도움이 되는 많은 호흡 훈련과 연습이 있지만, 일반적인 명상을 할 때는 그저 평소처럼 숨을 쉬면 됩니다.

초보자를 위한 팁

- 짧고 간결하게 하세요.

- 머리로 이해하려고 하지 마세요.

- 납득이 갈 만한 설명을 하려들거나 어떤 결론을 내리려고 하지 마세요.

- 판단하거나 비평하지 마세요.

- 명상을 한 뒤에는 그냥 잊어버리세요.

- 자리에 앉아서 명상을 하세요. 내일은 다른 경험을 하게 될 거예요.
  (꼭 더 낫거나 못한 경험을 하게 되는 건 아닙니다)

- 지난 번 명상의 기억은 그냥 흘려버리세요.

- 매번 처음 명상을 하는 것처럼 하세요.

- 칭찬 받으려 하지 마세요.(비난받는 것도 마찬가지)

- 예상하지 못한 일이 일어나도 전혀 개의치 않는 마음가짐을 가지세요.

집에서는 잘 안 돼!

지난 해 명상센터에서 하루에 두 번씩 명상을 했습니다. 그런데 집에 돌아와서는 그렇게 할 수가 없습니다. 왜죠?

저런, 후퇴를 맛보셨군요. 그렇게 안온하고 고요한 곳에서는 마음을 어지럽게 할 만한 일이나 주위의 소음 같은 것이 없고, 또 명상을 기피하게 할 만한 외적인 핑곗거리도 없어요. 센터는 사람들이 명상하기 좋게 지어진 곳이고, 거기서는 달리 할 일이 없기 때문에 대다수 사람들이 기꺼이 명상을 하죠.

명상메모

우리 친구 페트라는 아주 험난한 이혼 과정을 거친 끝에 심한 불면증에 걸렸고, 명상 지도사를 찾아
갔다. 명상은 그녀의 불면증을 치유해줬다. 그런데 그것은 명상을 할 때뿐이었다. 그녀는 자기 혼자
서는 명상을 할 수 없다고 생각한 탓에, 명상 지도사를 만날 수 없는 야간에는 도통 잠을 이룰 수가
없었다. 그녀는 좋은 교훈을 준다. 우리 삶을 참으로 변화시키고 구원해줄 수 있는 것은 참답고 견실
하고 자기주도적인 훈련이라는 사실을 알려주는 것이다. 꼭 자신에게 맞는 훈련법을 찾아서 스스로
해야 하는 것은 바로 이 때문이다.

저스트 두 잇 Just do it

개척자: 허버트 벤슨

1970년대에 정신과 육체, 스트레스와 병의 상관관계를 연구했던 허버
트 벤슨Herbert Benson이라는 하버드 출신의 의사가 있었다. 그는 몸을
치료하려면 마음을 치료해야 한다는 사실을 발견했으며, 스트레스를
줄이기 위한 방편을 창안해낸 뒤 그것을 이완반응relaxation response(이
완 명상으로도 알려져 있다)이라고 불렀다. 그는 명상이 투쟁 혹은 도피
상태에 대한 해독제가 되어준다는 것을, 달리 말해 명상은 스트레스에
대한 크립토나이트(영화 〈슈퍼맨〉에서 슈퍼맨의 힘을 약화시킨다고 하는 가
상적인 외계광물-옮긴이)에 해당되는 것임을 발견했다.

명상은 당신을 지루하게 하거나 긴장한 상태로 만들지 않을 거예요. 하지만 당신이 과거에 전혀 해보지 않은 어떤 것을 멋대로 판단한다면 그렇게 될 수도 있어요.

명상은 기도와 비슷해

저는 기독교인이고 기도가 뭔지 이해합니다만 명상은 저와는 거리가 좀 먼 것 같습니다. 모든 종교에는 다양한 형태의 명상이 존재한다는 걸 아나요? 명상에 신성모독적인 요소는 전혀 없으니까 걱정 말길. 기독교인이라면 기도를 할 때 긴장을 풀고 마음을 주시하는 일에 이미 익숙할 거예요. 지난 오랜 세월 동안 온갖 위대한 영성가들이 명상을 해왔어요. 당신이 명상을 하기 시작한다면, 그들과 좋은 친구가 될 거예요. 몇몇 인물을 예로 들자면, 토마스 아퀴나스Thomas Aquinas, 토머스 머튼Thomas Merton, 테레사 데 아빌라Teresa de Ávila, 프란치스코 데 살레시오Francis de Sales, 시몬 베유 Simone Weil, 이냐시오 데 로욜라Ignatius of Loyola 등이 있습니다.

경고신호

명상이 위험할 수도 있나요?
명상은 편안한 자리에 앉아서 어떤 판단이나 선입견도 없이 그저 자신의 호흡을 주시하는 일일 뿐이에요. 물론 운전하는 동안 혹은 중장비를 조종하는 동안 명상을 한다면 '정말로' 위험할 수 있겠네요.

믿거나 말거나

제대로 명상을 하려면 신이나 우주 같은 것을 믿어야 하나요?
명상의 장점은 꼭 필요한 어떤 방법이나 신앙 체계 같은 것이 없고, 명상을 하지 않는다고 해서 어떤 사정평가나 처벌을 받는 일도 없다는 점에 있어요. 하지만 스스로나 자신의 잠재력에 대한 믿음을 갖는 것은 명상하는 데 도움이 됩니다.

잘못된 명상

내 명상 방식이 잘못된 걸까요?

그렇지 않아요. 자신이 형편없는 인간이라고 자책하거나 처음부터 제대로 하지 못한다고 나무라는 것은 명상하는 데 도움이 되지 않을 거예요. 하지만 어떻게 하든 간에 명상을 망칠 수는 없어요.

메뉴 좀 봅시다

제가 어떤 유형의 명상을 하면 좋을지 어떻게 알 수 있나요?

아주 많은 선택지가 있으니 직접 시험해보면서 어떤 것이 마음에 드는지 알아보도록 하세요. 기절할 때까지 호흡을 관찰한다 해도 말리진 않을게요. 명상 어플리케이션이나 여러 가지 챈팅, 티베트 명상주발의 울림에 도움을 받는 것도 좋아요. 혹은 목이 아플 때까지 키르탄kirtan(명상을 돕는 인도 음악으로 음악전문가의 연주에 맞춰 청중도 함께 부른다-옮긴이)을 부르거나, 산스크리트어를 유창하게 발음할 수 있을 만큼 만트라를 거듭 염송하거나, 허한 속이 가득 찰 때까지 법문을 들을 수도 있고요. 여기서 단 하나 중요한 것은, 명상을 하는 겁니다.

명상메모

이 책의 저자 수키 노보그라츠는 오랫동안 온갖 방법을 다 시험해보고 나서야 겨우 마음에 드는 한 방식을 선택했다. 그녀는 마음의 의지처가 되어줄 수 있는 도구들을 좋아해서 명상센터에 갈 때마다 종과 징과 황금 주발이 가득 들어찬 가방을 들고 갔다. 그녀는 자신의 명상을 '성스러운 것'으로 만들고 싶어 했다. 하지만 세월이 흐르면서 이 책의 또 다른 저자 엘리자베스 노보그라츠와 그녀의 스파르타적인 성향의 지속적인 영향을 받은 덕에 이제 수키는 도구들이나 방석, 팔로산토Palo Santo(유창목. 잉카와 안데스산맥 원주민들이 향기로운 그 수액을 영적도구와 치료제로 오랫동안 사용해왔다-옮긴이) 같은 것들도 없이 언제 어디서나 명상을 할 수 있게 되었다. 오랫동안 명상을 한 끝에 그녀는 자신이 의지해왔던 도구들이 더 이상 필요치 않다는 것을 깨닫기 시작했다. 형광등, 앰뷸런스의 사이렌 소리, 융단 등을 포함한 일상의 모든 것이 다 이미 성스럽기 때문이다.

초보자에게 가장 알맞은 명상 기법은 뭘까요?

당장 시작하는 것. 그게 가장 좋은 기법입니다. 내일 혹은 다음주, 혹은 자녀들이 대학에 진학하고 난 뒤가 아니라 오늘 당장 일단 앉아보세요. 우리는 가장 단순하고 기본적인 기법인 호흡 세기(대표적인 불교 명상법의 하나로 '수식관數息觀'이라고도 한다―옮긴이)로 시작해볼 것을 권합니다. 그다지 근사하게 들리지 않겠지만 우리가 권하는 것은 바로 그 때문이기도 해요. 마음이 이리저리 헤매 다닐 때는 그저 호흡으로 돌아와 다시 호흡을 세기 시작하세요.

명상의 습관화

사람들이 이를 자주 닦지 않거나 전혀 닦지 않았던 시절이 있었어요. 정. 말. 로.

칫솔질하는 습관은 2차 세계대전이 끝나고 나서야 비로소 미국 사회에 널리 퍼졌습니다. 치위생사들은 집집마다 찾아다니며 정기적으로 이를 닦으면 나이가 들어서도 이가 빠지지 않는다는 얘기를 널리 퍼트리려고 애썼습니다. 하지만 그런 얘기는 별 효과가 없었고 사람들의 이는 계속 빠졌죠. 그러자 치위생사들은 플랜 B를 가동했어요. 학교에 찾아가서 아이들에게 칫솔질을 가르친 겁니다.

그런데 그런 습관이 정착되었지 뭐예요. 아이들은 자기네 부모와는 달리 고정된 위생습관을 갖고 있지 않았고, 따라서 별 저항감 없이 칫솔질 하는 습관을 받아들였어요. 그리고 얼마 지나지 않아 위생사들의 말을 듣지 않았던 가여운 어른 세대들은 수프나 멀건 죽을 홀짝거리는 것으로 노년 세월을 보낸 반면, 꾸준히 이를 닦았던 젊은이들은 어른이 된 뒤 자기네 자녀들에게 그런 습관을 물려줬죠.

어째서 이 슬프면서도 진실인 일화를 들려주느냐고요? 명상도 역시 하나의 습관이기 때문입니다.

CHAPTER 2

어째서 명상을 하지 않는가?

명상은 다양한 방식으로 삶을 치유해준다

당신은, 건강 상태는 더 좋아지고, 스트레스와 근심걱정, 우울함, 두려움, 병, 심한 피로, 분노, 미혹은 덜해지고, 폭음과 마약과 음식과 담배와 타인의 사랑에 대한 의존도는 줄어들기를 바랄 거예요. 더 많은 진실과 기쁨, 생생한 느낌, 에너지, 관계, 활력, 열정, 투명함, 자유, 사랑을 원할 거예요.

이제는 명상이 많은 이익을 안겨준다는 것을 대다수 사람들이 알고 있지만 불가사의한 어떤 이유 때문에 많은 이들이 아직도 명상을 하지 않아요. 인간이 자신에게 도움이 되는 것은 물론이요 자신을 구원해줄 수도 있는 일을 하지 않는 경우가 많다는 것은 익히 잘 알려진 사실이죠.

스스로에게 물어봅시다. 어떻게 해서 여기까지 오게 되었나? 왜 명상을 하고 싶어 하는가? 일부 사람들에게는 그 답이 분명할 수도 있습니다. 큰 위기를 겪고 있거나, 신경쇠약 상태에 빠지기 직전이거나, 심한 곤경에 처해 있어서. 그런 이들은 이번 장의 나머지를 읽을 필요도 없으니 곧바로 3장으로 건너뛰세요. 그런 이들은 명상이 안겨주는 이익의 기나긴 목록을 읽을 필요가 없어요. 그런 정도의 고통이라면 변화의 기폭제 역할을 하고도 남을 테니까요.

가벼운 괴로움을 겪고 있기는 해도 앞의 경우처럼 혹심한 고통을 받고 있지 않은 이들이라면 약간의 동기부여가 적지 않은 도움이 됩니다. 그것은 그런 이들을 방석으로 인도해줄 거예요. 명상의 동기부여가 되어주는 것들의 가장 빼어난 측면은 선택지가 아주 많다는 점입니다. 명상을 하려고 할 때 우리 모두는 자아탐구 방식을 활용할 수 있어요. 완벽해 보이는 여고생 조차도 어른이 되었을 때 내면적인 붕괴를 경험할 수 있습니다

그러니 자기 내면을 살펴보도록 하세요.

명상을 시작할 만한 합리적인 이유를 찾아보도록 하세요.

명상의 다양한 얼굴

근심걱정 킬러

명상은 내적인 불안이 시작되는 곳을, 마음을 뒤흔들고 들끓게 하는 것에 스포트라이트를 비춰줌으로써 그것들을 주시할 수 있게 해줍니다. 당신에게 끊임없이 잔소리하고 꾸짖고 걱정하고 경고하고 판단하는 목소리, 이야기, 생각을 주시할 수 있게 해주죠. 즉 내면의 비평가와 심판관들의 목소리를.

멍한 정신 치료제

명상은 마비된 정신 상태에서 깨어나게 해서 술, 약물, 음식, TV, 페이스북, 혹은 그 밖의 중독에 빠져들지 않게 해줍니다. 명상은 당신을 위로하고 만족시켜줘서 당신에게 아무 도움도 되지 않는 많은 외적인 것에 의지하지 않게 해줍니다.

내면의 치어리더

명상은 두려움과 침체 상태에서 벗어나 세상과 당당하게 직면하면서 자신에게 고통을 안겨주는 것들과 제대로 싸우게 해주는 내면의 치어리더입니다. 명상은 당신만을 위한 사적인 응원단인 것이죠.

치료사

명상은 스트레스로 찌든 몸을 고쳐주는 치료사이자, 투쟁-도피 반응에 대한 반작용(중화)제입니다. 코르티솔(스트레스를 받을 때 그것에 맞서서 신체방어 역할을 하는 호르몬-옮긴이) 수치와 혈압과 심박수를 낮춰주고, 항염증제의 역할도 합니다. 염증은 심장병, 암, 치매 등을 비롯한 만병의 근원입니다.

두뇌훈련사

연구 결과에 의하면 새로 명상을 하는 이들이 8주에 걸쳐 하루에 20분 정도만 명상하는 것으로 자기 두뇌 회백질(생각하는 부분-옮긴이)을 증가시킬 수 있다고 합니다. 그들은 기억력, 공감능력, 스트레스 수준에서의 변화를 맛보게 될 겁니다. 어느 누가 그런 걸 원치 않겠어요?

비상대기 치료사

당신이 자신의 느낌을 제대로 느끼게 해주고, 자기 삶 속에 존재하게 해주고, 상처를 어루만져주고, 온갖 부정적인 요소들을 제대로 처리해주는 비상대기 치료사입니다.

구조원

잘못된 선택으로부터 당신을 구해주는 구조원입니다. 명상은 당신이 어째서 잘못된 행동을 했는지를 환히 비춰줌으로써 무심코 그런 짓을 반복하기 전에 그것에 관해 얼마 동안 생각할 시간을 갖게 해줍니다.

잠 귀신

명상은 잠을 푹 자게 해주는 잠 귀신sandman(아이의 눈 속에 모래를 뿌려 잠들게 한다는 동화 속 귀신-옮긴이)입니다. 연구 결과들에 의하면, 명상이 숙면과 피로회복에 수면제보다 더 효과적이라는 사실을 알 수 있어요. 게다가 수면제와는 달리 부작용이 전혀 없죠.

DNA 수리공

명상은 DNA 수리공이에요. 당신이 나이 들어가면서 유전자가 발휘되는 과정을 관리하지요. 당신이 물려받은 유전병의 징후들을 가능한 미뤄서 살아생전에 결코 경험하지 않도록 해줄 거예요.

마법사

명상은 모든 것이 선택의 문제임을 알게 해주는 마법사입니다. 세상에는 좋은 것도 없고 나쁜 것도 없으며, 모든 게 다 그저 그럴 만해서 그런 겁니다. 이 마법사는 어떤 상황이 되었든 간에 매 상황마다 당신에게 축복을 내려줄 거예요.

마음을 고양시키기:
명상이 안겨주는 신체적인 이익

스트레스 훈장

우리는 스트레스가 마치 명예의 상징이라도 되는 양 이야기하는데, 사실은 섬뜩한 살인마예요. 우리 모두는 스트레스가 우리를 도와주고 생산적인 결과를 낳는다는 식의 미친 거짓말을 사실로 받아들여요. 우리는 스트레스를 자랑삼아 이야기합니다. '너무 피곤해. 스트레스를 너무 많이 받았어. 이번 주에는 98시간이나 일했어. 나를 봐. 나는 행동하고 실천하는 사람이야.' 우리는 자신을 녹초로 만드는 것이 성공의 비결이라도 되는 양 이야기하지만 사실 그것은 잘하는 일이 아니에요. 우리는 대체 무엇을 하고 있는 것일까요? 어째서 우리는 이런 진실에 집단적으로 눈을 감고 있는 것일까요?

우리는 모든 병의 95%가 스트레스 때문에 일어나거나 그것 때문에 더 악화된다는 것을 알고 있습니다. 그런데 어째서 우리는 스트레스를 진지하게 다루지 않은 채 심장마비나 뇌졸중이 올 때까지, 암 진단이 떨어질 때까지 마냥 손 놓고 기다리고만 있는 걸까요? 우리는 스트레스를 애써 무시하고, 생산적인 사람이 되려 하고, 일을 크게 벌이고, 너무나 많은 것에 순응하는 데 길들여져 있습니다. 잠과 자기 보살핌과 휴식시간과 관계를 거부하고, 자기가 그런 것들을 원한다는 사실에, 혹은 그런 것들을 누릴 만한 자격이 있는 것처럼 느끼는 것에 죄책감을 느끼는 습성이 있습니다.

우리는 관계를 거부하다 못해 자기 몸과의 관계조차도 단절시키려 들어요. 스트레스는 모든 것을 더 경직되고 혼란스럽게 만듭니다. 그 때문에 우리가 하는 모든 일이 효율적이거나 효과적으로 돌아가지 못하고, 제대로 끝맺지 못하게 됩니다.

명상메모

수키의 어머니는 조발성 알츠하이머병에 걸렸다. 병의 징후는 50대에 이미 시작되었다. 수키는 자기도 그 병을 물려받았을지도 모른다는 두려움에 의사를 찾아갔다. 의사는 수키의 유전자가 반드시 병을 일으키는 것은 아니지만, 만일 그녀가 식단을 적절히 조절하고 운동을 하고 매일 명상을 하지 않는다면 그 병에 걸릴 가능성이 많다고 조언해줬다.

의사의 지시

의사들은 건강을 유지하고 장수하려면 매일 명상을 하는 것이 좋다고 권합니다. 명상은 금연을 하거나 식단을 조절하거나 운동하는 것만큼 좋은 것임이 밝혀졌습니다. 사실 명상은 그런 모든 변화들 중에서도 가장 중요한 것일 수 있어요. 명상은 스트레스를 줄여주고 혈압을 낮춰줄 뿐만 아니라, 식단을 바꾸고 술 담배를 끊고 운동하는 습관을 길러주기도 합니다.

명상은 자기 내면의 흐름을 알아차리게 하고 긴장을 늦춰줌으로써 컵케이크가 아니라 샐러드를, 데킬라가 아니라 생수 한 잔을 선택하는 일을 훨씬 더 수월하게 해줄 겁니다. 명상 덕에 식곤증에 빠지거나 심한 숙취에 시달리는 일이 없을 것이기에 자연히 운동하러 나갈 기회도 많아질 거예요. 그러니 꼭 의사들의 조언에 따라 명상을 하세요.

천만 명의 미국인들이 명상을 한다. 그중 6백만 명은 의사의 권유에 따라서 명상을 하고 있다.

불통

우리 몸은 거짓말을 하지 않아요. 우리 몸은 있는 그대로의 진실을 반영해주며, 그 때문에 스트레스 수준의 훌륭한 척도가 되어줍니다. 최근에 몸무게가 엄청 불었나요? 식욕을 완전히 잃었나요? 격주로 감기에 걸리나요? 얼굴이 늙은 마녀처럼 보이나요? 아침에 눈떴을 때도 기진맥진해 있나요? 자리에 들었어도 도통 잠이 오지 않나요? 도무지 성욕이 일지 않나요? 두통은? 요통은? 귀는? 목은?

이런 증상들은 몸에 큰일이 일어나기 전에 종종 나타나는 경고 신호입니다. 몸에 주의를 기울여야 해요. 몸은 당신보다 훨씬 더 많은 것을 알고 있답니다. 몸은 당신이 균형을 잃고 불안정해지거나 심한 스트레스에 내몰릴 때 그걸 알려줄 겁니다. 흔히 몸은 큰일이 나기 전에, 심장이 멎거나 그보다 더 고약한 사태가 일어나기 전에 그런 사태를 미리 알아차릴 기회를 줍니다. 문제는 우리 대부분이 그런 경고 신호들을 진지하게 받아들이지 않는다는 점이죠. 우리는 그런 신호들을 무시하고 내처 달려 나가고, 뒤늦게 알아차릴 때는 이미 늦어 손쓸 여지가 없어지고 맙니다.

스트레스는 피할 수 없다

우리가 사무실에서 지각을 했다고 해서 상사에게 질책을 당할 때, 우리 몸은 마치 사냥개들에게 쫓기는 탈옥수가 된 것 같은 투쟁-도피 모드 속에서 허우적거리게 됩니다.

바지에 불이 붙기라도 한 것처럼 정신없이 들뛰어 다니는 것은 바람직하지 않고 즐거운 일도 못됩니다. 이럴 때는 어떻게 하면 좋을까요? 명상을 하세요. 명상이 스트레스를 줄여주는 것은 심호흡이 당신의 부교감신경계를 활성화시켜주기 때문입니다. 그리고 명상은 스트레스를 크게 증폭시켜주는 기능을 하는 내면의 온갖 잡소리나 이야기에 쏠려 있던 주의를 호흡 쪽으로 돌려주죠. 그러니 우리가 줄곧 이야기해온 대로 일단 앉아보세요.

명상은 평생 하는 것

두어 달만 명상을 해도 혈압을 낮출 수 있습니다. 하지만 역시 지속적으로 효과를 내려면 지속적으로 방석에 앉아야 합니다.

왜 자꾸 골치 아픈 정보만 주냐구요? 우리는 해결책이 있으니까요. 명상이라는 해법.

영장류들의 문제

로버트 사폴스키 교수

신경과학자, 영장류 동물학자이자 작가, 스탠포드대학 교수인 로버트 사폴스키Robert Sapolsky는 스트레스가 인간과 비비원숭이에게 어떤 영향을 미치는지를 몇 십 년간 연구해왔다. 그는 장기적인 스트레스가 인간은 물론 원숭이도 신체적으로나 생리적으로 병들게 하고, 사회의 위계에서 밑바닥에 속해 산다는 것은 스트레스나 스트레스와 관련된 질병을 일으키는 큰 요인이 된다고 했다. 모든 종류의 스트레스는 우리를 투쟁-도피 모드에 빠져들게 하며, 투쟁-도피 모드가 지나치게 오래 작동할 경우 병이 들고, 때로는 목숨을 잃기도 한다.

늑대가 나타났다!

우리 몸은 상어나 귀신처럼 직접적이고 생생한 위험에서 비롯된 투쟁-도피 모드와, 청구 받은 돈을 지불해야 하고 성난 배우자에게서 시달리는 식의 일상적인 스트레스에서 비롯된 투쟁-도피 모드의 차이를 구별하지 못합니다. 설상가상으로, 우리 마음은 우리가 투쟁-도피 모드에 빠져 있다는 사실 조차도 알지 못합니다

업무배정을 받기도 전에 긴장성 두통이 일어나나요? 겨울철에도 출근할 때마다 땀이 나나요? 불면증에 시달리고 있나요? 담배가 가장 친한 친구인가요? 자주 근심걱정과 불안 초조한 감정 상태에 빠져드나요? 이런 경향이 있다면, 당신은 투쟁-도피 모드에 빠져 있거나, 적어도 많은 시간을 그런 상태에서 지내는 사람일 겁니다. 투쟁-도피 모드에서 벗어나는 첫걸음은 자신이 그런 상태에 빠져 있다는 것을 알아차리는 것입니다.

당신은 '그래서 어쩌라구?'라고 물을지도 모릅니다. 이제 당신의 모든 바람을 실현시켜줄 수 있거나 적어도 지속적인 투쟁-도피 모드에서 벗어나게 해줄 수 있는 마법적인 몸-마음의 접속자를 소개하려고 합니다. 길게 얘기할 것 없이 **미주신경**vagus nerve에 관한 얘기로 바로 들어가보기로 하죠.

방랑자

미주신경이라고 들어봤나요? 이게 바로 우리 몸에서 가장 긴 신경이라는 건 몰랐죠? 뇌 깊숙한 곳에서 시작해 심장을 거쳐 창자에까지 들어가는 긴 신경이에요. 보통 그걸 접속자, 떠돌이, 방랑자, 혹은 자비신경compassion nerve이라고 부릅니다. 미주신경은 호흡, 소화, 심박 수, 우리의 반작용과 반응을 관장하며, 투쟁-도피 모드에 대한 브레이크 페달로 작용하는 역할을 합니다.

명상과 심호흡은 미주신경을 활성화시킴으로써 당신이 투쟁-도피 모드에 납치당하지 않게 해줍니다. 미주신경 긴장vagal tone이 높아질수록(당신이 미주신경을 활성화시킬수록), '나는 곧 호랑이에게 잡아먹힐 거야' 식의 기분에 빠져드는 대신에 마음을 차분히 가라앉히고 상황이 당신에게 요구하는 것을 주시할 수 있는 능력은 더더욱 향상됩니다.

명상은 건강하고 탄력성 있는 미주신경 긴장 상태를 조성하는 데 도움을 줍니다. 미주신경 긴장도는 심박변이를 통해서 측정할 수 있는데, 숨을 들이쉴 때는 심박 수가 올라가고 숨을 내쉴 때는 떨어집니다.

높은 스트레스, 수면부족, 몇 주에 걸친 장시간 노동은 미주신경 긴장도를 떨어뜨립니다. 미주신경 긴장도를 높이기 위해서 무엇을 할 수 있을까요?

미주신경을 자극하는 방법
예, 바로 그거예요

TEA 파티

차가운 물속에 얼굴을 담그고
최대한 오래 견뎌보세요.

콧노래 부르기

콧노래를 부르면 코르티솔
수준이 낮아지고 마음이
진정될 거예요.

포옹

누가 포옹을 싫어하겠어요?

운동

달리기, 수영하기, 줄넘기.
일단 움직여요!

노래 부르기

샤워를 할 때든, 노래방에 있든,
비를 맞고 있든 간에 노래는
미주신경을 활성화시켜
줄 거예요. 소리 질러!

춤추기

모든 걸 다 잊고 춤을 추세요.

호흡하기

호흡운동은 어떤 것이든
미주신경을 자극하는
아주 좋은 방법입니다.

친절 베풀기

누군가에게 가서 친절하고
따뜻한 행동을 해보세요.
그렇게 하는 건 스스로를
극복하는 데 도움이 됩니다.

오래된 것이 좋은 것이여

우리가 좋아하는 호흡법의 하나는 불의 호흡Breath of Fire입니다. 이 방법은 지난 수천 년간 미주신경을 자극하는 방법으로 통용되어온 것으로 카발라바티kapalabhati(요가 호흡법의 하나로 '정뇌 호흡' 또는 '두개골 정화법'이라고 한다-옮긴이)로도 알려져 있으며, 꽉 막힌 몸을 뚫어주는 기능을 합니다. 폐에서 나쁜 공기를 몰아내고, 호흡기 질환들을 다스려주고, 혈액순환을 증가시키고, 신경계(미주신경)를 강화시켜주고, 인내심을 길러주고, 마음을 정화시켜주고, 에너지의 흐름을 자극하고, 근육을 다시 깨워주고, 복근을 강화시켜줍니다.

불의 호흡

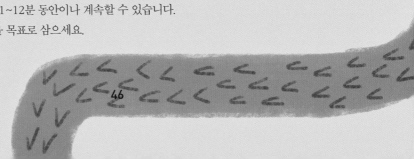

1. 자리에 앉으세요

명상할 때와 같은 자세로 앉으세요. 원한다면 쪼그리고 앉아도 됩니다.
하지만 척추를 반듯하게 세운 자세로 앉아야 합니다.

2. 첫 시작

몇 차례 깊게 복식호흡을 하세요.

3. 호흡하기

숨을 깊이 들이쉬었다가 코로 숨을 짧고도 격렬하게 내쉬세요.
미주신경이 활성화될 수 있을 만큼 아주 강력하게 내쉬세요.

4. 1분에서 점점 늘려가기

전문가들은 이런 호흡을 11~12분 동안이나 계속할 수 있습니다.
시간을 점점 늘려가는 것을 목표로 삼으세요.

선한 싸움

온건한 통증

미국 성인들의 15%가 만성적인 통증을 안고 살아간다

옥시코돈Oxycodone과 모르핀은 미국 의사들이 즐겨 쓰는 진통제들입니다. 일시적으로 효과가 있긴 하지만, 예전엔 많은 사람들이 장기복용하는 바람에 목숨을 잃곤 했죠. 아편을 원료로 한 진통제들은 중독의 위험성이 있으며, 종종 환자들의 정신을 망가트립니다. 반면 명상은 진통 효과 면에서 아편만큼 진통 효과가 뚜렷하지는 않겠지만, 뇌가 통증에 끌려들어가지 못하게 함으로써 통증의 강도를 줄여주기 때문에 통증 관리에 큰 도움이 됩니다.

수술 후유증

외과수술 후에 따라오는 위험으로 첫째가는 것은 감염입니다. 감염은 환자의 회복 속도를 늦출 뿐만 아니라 수술의 전 과정을 망치기도 합니다. 명상의 효과를 믿지 않는 이들에게는 미친 소리처럼 들릴지도 모르겠지만, 명상은 감염에 효과적이에요. 어떻게 그러냐구요? 당신이 명상을 할 때 스트레스의 원인인 코르티솔 수치가 낮아지고 그 덕에 백혈구 숫자가 크게 증가하며, 따라서 감염을 막아주는 효과를 발휘합니다.

안녕히 주무세요

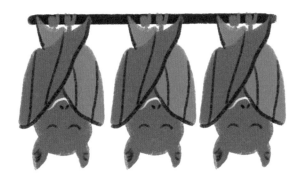

수면제는 사회에 널리 퍼진 고질적인 중독물질입니다. 수면제는 잠을 자꾸 더 자고 싶게 만드는 부작용을 유발할 뿐만 아니라, 사람을 굼뜨고 멍청하게 만드는 경향이 있죠. 이런 악순환을 원하는 사람은 없을 겁니다. 수면제 대신 명상을 할 수 있다는 걸 안다면 더욱 그럴 거예요. 명상은 뭔가에 쫓기는 것 같은 절박한 느낌을 없애주는 순기능을 하기 때문에 수면장애에 큰 도움이 됩니다. 더 이상 새벽 2시 반에 세상의 온갖 문제들과 자신의 고민거리를 생각할 필요가 없을 거예요.

명상은 좋은 소식이나 따끈한 우유 한 컵처럼 뇌 신경계를 안정시키는 데 도움이 됩니다.

명상이 숙면에 주는 두 가지 효과

장기적인 효과 : 매일 명상을 하는 것은 신경계의 작동 속도를 늦춰주고, 근심걱정을 덜어주고, 아주 쉽게 잠들게 해줍니다.

단기적인 효과 : 필사적으로 잠을 이루고 싶어 하는 바로 그런 순간에야말로 명상은 호흡에 주의를 집중하게 함으로써 잠자는 일에 쏠려 있던 마음의 방향을 돌리게 하는 데 도움이 됩니다. 명상은 당신의 몸과 마음을 부드럽게 이완시켜줌으로써 편안하게 잠들게 해줄 거예요.

양세기 명상

1. 눈을 감고 잠자리에 누우세요 (하지만 눕기 전에 나머지 지시사항을 모두 읽어주세요).

2. 호흡하는 것을 느낄 수 있도록 **두 손을 배 위에 올려놓으세요.**

3. 예쁜 어린 양을 떠올려보세요. 어린 양은 돌담에서 10미터쯤 떨어진 곳에 서있고, 벽 너머에는 짙푸른 초원이 펼쳐져 있습니다.

4. 복식호흡으로 **숨을 깊이 들이쉬면서** 작은 어린 양이 돌담을 향해 달려가는 모습을 주시하세요.

5. 어린 양이 돌담을 뛰어넘을 때 숨을 내쉬면서, '한 마리'라고 셈을 하세요.

6. 오, 저런, 담 너머에 어린 양의 형제가 있네요. 4단계와 5단계를 반복한 뒤, '두 마리'라고 하세요.

7. 곤히 잠들 때까지 위의 과정을 **반복하면서** 숫자를 세어나가세요.

명상이 보톡스보다 낫지

가벼운 시험을 해볼까요. 거울 앞에서 할 수 있는 한껏, 잔뜩 긴장하고 딱딱하게 일그러진 표정을 지어보세요. 스트레스에 찌든 얼굴이 보일 거에요(그냥 뚱한 얼굴이랑은 달라요). 어머니들이 흔히 하는 잔소리가 있죠? 어떤 표정을 오래 짓다보면 그게 그대로 굳어진다는 얘기 말이에요. 그러니 상황이 변하지 않는다면 그게 그대로 당신의 미래의 표정이 될 겁니다.

　하지만 항상 선택의 여지는 있어요. 계속 그런 식으로 지내든지, 아니면 매일 20분간 명상을 하든지요. 그런다고 해서 주름진 얼굴이 변할까 물을 수도 있겠죠. 명상을 하면 본디 아름다운 얼굴에서 스트레스와 긴장이 사라지면서 표정이 서서히 부드러워질 겁니다. 만약 주름이 남아있다 해도 더 이상 잔뜩 찌푸리지 않을 거고, 긴장과 피로감을 동반하지 않은 우아한 빛을 더해줄 거예요.

베이비 페이스

발견자: 엘리자베스 블랙번

엘리자베스 블랙번Elizabeth Blackburn은 텔로미어telomere를 발견함으로써 노벨의학상을 수상했다. 텔로미어를 통해 과학자들은 노화와 질병의 위험성을 측정할 수 있게 됐다. 텔로미어는 운동화 끈의 끝을 감싸고 있는 플라스틱 마감재처럼 우리 염색체들의 양 끝을 감싸고 있는 부분으로 염색체들이 풀어지는 것을 방지해주며, 염색체들의 풀어짐 여부는 우리 세포들의 노화 속도에 영향을 미친다.

블랙번은 스트레스가 텔로미어의 길이를 짧게 만든다는 것을 알았고, 그 둘의 상관관계를 기반으로해서 명상에 관해, 곧 '명상이 과연 텔로미어의 길이를 늘여주는가'라는 주제에 관해 연구했다. 그 의문에 대한 답은 '그렇다'였다. 명상은 물을 잘 준 화분보다 텔로미어의 길이를 더 빨리 자라게 하는 듯했다. 달리 말해, 그녀는 젊음의 샘을 발견했다.

벤자민 버튼 신드롬

(《벤자민 버튼의 시간은 거꾸로 간다》의 주인공 벤자민 버튼은 시간이 갈수록 점점 더 젊어진다–옮긴이)

스트레스만큼 사람을 늙게 만드는 것도 없습니다. 대통령들의 임기 전후 사진들만 봐도 금방 알 수 있죠. 명상은 스트레스를 줄여줄 뿐만 아니라 우리의 텔로미어 길이를 늘여주기도 합니다.

텔로미어 길이가 짧아질수록 비만, 당뇨병, 심장병, 우울증 등에 걸릴 위험성도 더 커지고, 결국은 이른 나이에 사망하게 됩니다. 그러니 명상하는 동안 누가 당신더러 뭘 하고 있느냐고 묻거든, 내 텔로미어들을 자라게 하고 있는 중이라고 얘기하세요.

대단히 유연한 뇌

뇌는 가소성plasticity이 있으며, 이것은 변화할 수 있는 능력을 갖고 있다는 뜻입니다. 연구 결과들은 규칙적인 명상이 혈관과 혈류를 증가시킴으로써 뇌의 대뇌피질을 두껍게 해줄 수 있다는 것을 입증해주고 있습니다. 바깥 피질은 뇌의 학습과 기억 부문을 관장합니다. 제대로 하는 명상은 기억, 집중력, 주의력, 공감력, 자제력을 관장하는 뇌의 영역을 성장시켜줍니다. 명상은 음악 연주가 음악적인 능력과 관련된 뇌의 영역을 성장시키는 것과 마찬가지 효과를 발휘합니다. 지속적인 훈련이 완벽함을 이루어냅니다.

내 안의 불을 밝혀줘 Light My Fire

(1960년대 미국의 전설적인 그룹 도어스Doors의 히트곡 제목-옮긴이)

별다른 이유 없이 늙고 지쳤다는 느낌이 들고, 자신의 빛이 침침해지고 불꽃이 이울었다는 느낌이 든다면, 당신에게 들려줄 아주 중요한 이야기가 있어요. 외적인 어떤 것도 그 빛 혹은 불꽃을 되살려주지 못할 테지만, 명상을 하는 것은 도움이 될 수 있습니다. 명상은 당신이 스스로와 친구가 되게 해주고 자신에 대한 사랑과 연민과 호기심을 키워줘서 당신에게 필요한 빛과 불꽃을 안겨줄 거예요. 몇 주 동안 자리에 앉아 명상을 하다보면 곧 자신의 빛을 되찾게 될 거라 장담해요.

뇌를 훈련시키세요.
안 그러면 뇌는 점점 퇴화되고 말 거예요.

명상할 때 뇌의 상태

전전두엽 피질은
먹고 마시고 담배 피우는 식의
폭식 잔치를 그만둔다.

해마는
영어철자 맞추기 시합에서 승리하고
숲 속에서 길을 찾아내고
사람들의 이름을 곧잘 기억해낸다.

편도체는
두려움에서 벗어나 잠은 더 잘 자고
스트레스는 덜 받는다.

명상이 주는 신체적인 이익

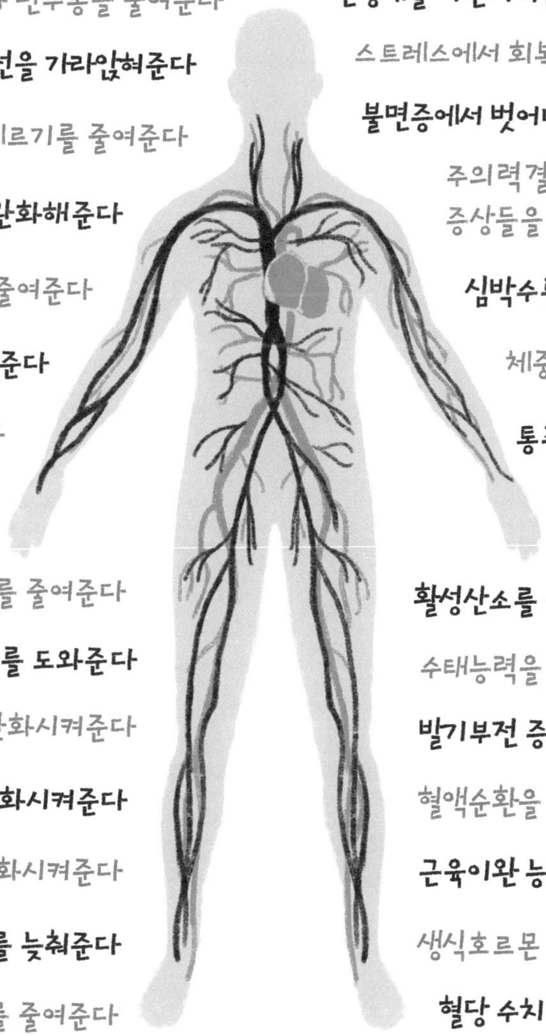

두통과 편두통을 줄여준다

건선을 가라앉혀준다

알레르기를 줄여준다

생리 전 증후군을 완화해준다

심장마비와 뇌졸중을 줄여준다

면역체계를 개선시켜준다

수명을 증가시켜준다

감염을 줄여준다

콜레스테롤 수치를 줄여준다

수술 후의 치유를 도와준다

관절염을 완화시켜준다

만성적 통증을 완화시켜준다

피부저항력을 강화시켜준다

노화 속도를 늦춰준다

병원에 입원하는 횟수를 줄여준다

신경계를 이완시켜준다

스트레스에서 회복될 수 있게 해준다

불면증에서 벗어나게 해 준다

주의력결핍 과잉행동장애
증상들을 개선해준다

심박수를 줄여준다

체중이 줄도록 도와준다

통증 강도를 줄여준다

혈압을 낮춰준다

활성산소를 줄여준다

수태능력을 향상시켜준다

발기부전 증상을 경감시켜준다

혈액순환을 개선시켜준다

근육이완 능력을 향상시켜준다

생식호르몬 수치를 높여준다

혈당 수치를 낮춰준다

이제는 좀 납득이 되나요? 그러니 무슨 일이 있어도 일단 앉아보세요.

53

스스로 돕기: 정서적인 이익

21세기에는 불안하고 불편한 기분을 적절히 다스리는 것이야말로 가장 중요한 기술이다.

마크 쉔 Marc Schoen
(미국 UCLA 게펜 의과대학 심신의학 전문의)

명상

명상이 화젯거리입니다. 명상은 기분을 좋게 해주고, 맑게 해줍니다. 이제 그만 머릿속 고민들에서 벗어나세요. 긴장을 풀고, 자신을 내려놓으세요. 명상은 어머니의 포옹과도 같아서 모나고 날선 것들을 부드럽게 해주고 내면의 온갖 소음을 줄여주며, 중요한 일과 사소한 일들을 가려낼 수 있게 해줍니다. 다시 말해 명상은 영혼을 위로해주죠. 당신을 내면의 목소리, 당신의 중심, 생생함, 직관, 이성의 진정한 목소리와 연결시켜줍니다. 바로 지금 자리에 앉아보세요. 이건 아주 중요한 일입니다. 제아무리 마음이 불편해도 일단 자리에 앉아 스스로를 알아가는 일이야말로 자신의 삶 속에 존재하고 훨씬 더 나은 삶을 향해 나아가는 과정의 핵심입니다.

명상은 찡그린 얼굴을 펴준다

가벼운 불안감이 엄습해오거나 언짢은 기분, 고약한 기분에서 즉각 벗어날 수 있는 가장 좋은 방법은 자신의 마음 상태를 바꾸는 겁니다. 하던 일을 멈추고 심호흡을 하세요. 자리에 앉아 명상하면서 고약한 불안감을 떨쳐버리고 웃어보세요. 명상하는 동안 바보 같은 짓을 하고 있다는 느낌이 들 만큼 억지로라도 환하게 웃어보세요. 그리고 숨을 들이쉬면서 "웃어봐"라고 말하고 숨을 내쉬면서 실제로 웃어보세요. 그 웃음이 진짜가 될 때까지 이 과정을 반복하세요.

바늘방석에 앉은 것처럼 불안하고 괴로울 때

아침에 눈을 떴을 때 '이게 정말 현실인가, 내가 어쩌다 이렇게 되었지'라고 한탄하는 것은 지극히 인간다운 현상이라고 할 수 있습니다. 하지만 당신이 그런 생각에 빠져 허우적거리는 대신에 그런 순간을 성장하기 위한 기회로 활용하고자 한다면, 그 순간은 진정한 축복이 될 수도 있습니다. 명상은 저주를 축복으로 바꿔줄 겁니다. 그러니 자신의 삶을 망치기 전에 주시하고, 주시하고, 또 주시하세요.

명상은 불편하고 불안한 기분일 때도 자리에 앉도록 도와줄 겁니다. 앉아서 명상을 하다보면 일상에서 껄끄러운 사람들과 힘겨운 대화를 할 수 있을 만큼 강력한 정서적인 힘을 얻게 될 겁니다. 명상은 또 명석함과 폭넓은 시각, 감정적인 갈등상태에서 벗어나는 일 등을 통해서 당신을 도와줄 수 있습니다.

그러니 어떤 일이 있든 간에 일단 앉으세요.

명상은 내면의 이성의 소리와 연결된 직통라인입니다.

마음의 헌집 부수기

명상은 폭음, 흡연, 코카인, 각성제, 헤로인, 해로운 인간관계, 좋지 않은 일, 도박, 온라인 쇼핑 중독, 소셜미디어 중독, 몸에 해로운 프렌치프라이를 즐겨 먹는 습관을 비롯한 온갖 블랙홀에서 벗어나도록 도와줄 거예요. 어떻게 이게 가능하냐구요? 명상은 우리 마음속 빈 구멍들을 채울 방법을 가르쳐줌으로써 자신의 몸과 일상 속에 존재하는, 앞에서 열거한 온갖 고약한 것들을 더 이상 필요로 하지 않게 해주기 때문입니다. 그리고 우리가 스스로에게 저지르는 고약한 짓들을 환히 드러내주기 때문입니다.

명상은 당신에게 스스로를 위로하는 법을 가르쳐줍니다.

명상메모

엘리자베스는 20여 년 동안 하루에 담배 한 갑 반을 피웠다. 그녀는 이제 그만 끊자고 마음먹고는 마지막으로 한 개피를 피운 뒤 나머지는 내버렸으나 그런 결심은 기껏해야 몇 시간 정도만 유지되었다. 하지만 명상이 그 상황을 완전히 반전시켰다. 그녀는 명상 덕에 담배를 끊을 수 있었고, 그 이후로 일절 담배를 피우지 않았다.

굳어버린 습성 떨쳐버리기

뻘에 박힌 뿌리

명상은 굳어버린 습성을 떨쳐버리는 데 더없이 좋은 수단입니다.

모든 습성에는 그 뿌리가 있는데, 명상은 습성의 뿌리가 되는 원인을 찾아냄으로써 거기에서 벗어나도록 도와줄 겁니다. 당신은 퇴근 후 집에 돌아오지 않거나, 돌아온다 해도 소파에 앉아서 TV만 보면서 게으르게 지낼지도 모릅니다. 다른 어떤 일들로 시간을 죽일지도 모르구요. 그러니 지금 당장, 일상에서 벌어지고 있는 일들을 깊이 주시해보고, 명상하는 시간을 갖도록 하세요.

더 이상 미루지 마

뭐든지 새로 시작하는 데 어려움을 겪고 있다면, 우선 명상을 해보세요. 명상은 미루고 회피하는 습성을 바로잡아줄 특효약입니다. 우리는 불편한 것을 좋아하지 않기 때문에 해야 할 일을 회피합니다. 심지어는 아직 겪지 않은 불편함을 두려워하기도 하죠. 명상은 불편함을 끌어안고 하는 평생공부입니다. 여러 가지 불편함, 곧 힘겨운 입씨름, 세금 정산, 마음먹었던 소설 쓰기, 견딜 수 없는 직장 그만두기 등 같은 일들과 기꺼이 직면할 수 있는 기술과 능력을 제공해줄 겁니다.

한판 붙어보자고

명상은 좋은 것도, 나쁜 것도, 싫은 것도 다 받아들일 수 있는 능력을 제공해줍니다. 우리는 명상 덕에 사랑에 대한 두려움에서 벗어날 수 있습니다. 대부분의 두려움은 상상의 소산이며, 우리는 명상 덕에 그런 두려움에서 벗어나 진실에 다가갈 수 있습니다. 명상은 우리에게 종이호랑이와 진짜 호랑이를 가려낼 수 있는 능력을 제공해주고, 종이호랑이에게 겁먹지 말라고 가르쳐줍니다.

명상은 당신이 내면의 터프가이를 찾아내도록 도와줄 겁니다.

머리에 밥 주기

명상은 강화된 정신력, 집중력, 독창성과 같은, 온갖 종류의 뜻밖의 선물을 기꺼이 베풀어줍니다. 명상에 더불어 알아차림이 당신 삶의 모든 측면에 스며들 거예요. 그것은 막강한 힘을 발휘합니다. 명상을 하는 창조적인 이들에게 물어보면 금방 알 거예요. 명상은 머리에 자양분을 제공해주고, 우리가 독창적인 생각과 해법들의 완전히 새로운 영역에 다가갈 수 있게 해줍니다. 명상은 예술가와 전문가들이 자기네의 내적인 흐름과 접속하도록 도와줄 뿐만 아니라, 일반인들을 더 나은 일기 작가, 아침식사 셰프, 모험을 두려워하지 않는 사진작가, 할로윈 의상 제작자, 생일 케이크 제조자, 수제 칵테일 제조자, 페이스 페인터face painter, 노래방 가수, 창작 춤을 추는 이, 반려견 조련사, 앞마당 정원사로 만들어줄 겁니다. 명상은 상처 입을지 모를 위험성을 기꺼이 감수하도록 도와주고, 참된 자기표현을 하는 데 필요한 용기를 갖도록 도와줍니다. 그리고 그것은 남들의 비판을 의연히 받아넘길 수 있는 참을성을 갖도록 도와주죠. 그러니 자리에 앉아서 아름다운 경험을 즐겨보세요.

한 번에 하나만 하자

멀티태스킹은 얼간이들이나 하는 짓이에요. 오래전 누군가가 여자들은 동시에 여러 가지 일을 하는 데 빼어난 재주가 있다는 소문을 퍼트렸는데, 비록 그게 사실일지라도 그렇게 하는 건 실익 없는 짓입니다. 많은 여성들이 그런 식의 아부에 홀려서 동시에 19가지나 되는 일을 할 수 있는 정도로까지 미친 듯이 내달렸죠. 우리는 가끔 다재다능하지 못한 이들을 눈 아래로 내려다봅니다만, 그런 엉터리 믿음은 지금 당장 내던져버리세요.

이제까지 세상 누구도 동시에 세 가지의 다른 일을 할 때는 어느 한 가지 일도 제대로 해내지 못했습니다. 그러니 설거지를 하든, 운전을 하든, 절친의 고통어린 이야기에 귀기울이든, 자녀들과 카드놀이를 하든, 비판적인 이메일을 쓰든, 햇볕에 피부를 태우든, 옆구리 운동을 하든, 뭘 하든 간에 한 가지 일에 최선을 다하도록 하세요. 명상은 한 가지 일을 가장 잘 해내는 훈련이니, 명상을 통해서 그렇게 하는 습관을 기르도록 하세요.

콕 집어보는 명상의 정서적 이익

우울한 기분을 덜어준다

내면의 모순을 받아들이게 해준다　　직관력을 길러준다

우리 내면의 어두운 부분들을 드러내준다　　뭔가를 하고자 하는 열정을 키워준다

따뜻한 마음, 신뢰, 참을성, 수용력을 키워준다　　중독 상태에서 벗어나도록 거들어준다

조건형성conditioning을 드러내준다　　행복감을 높여준다

부끄러움과 직면할 수 있게 해 준다　　자각도를 높여준다

걱정을 덜어준다　　좋은 부모가 될 수 있다

기분 좋게 해 준다　　갈등 상황을 환히 비춰준다

외로움을 덜어준다　　강한 정신력을 길러준다

자긍심을 키워준다　　의사결정 능력을 키워준다

조건화를 줄여준다　　해방감을 안겨준다

보완치료complements therapy 효과　　다양한 형태의 두려움을 알아차리게 해 준다

불만스럽거나 부족하거나 마뜩치 않은 느낌들을 덜어준다　　정신적인 힘을 제공해준다

부정적인 감정들에서 벗어나기 위한 폭식의 행태를 줄여준다　　불안감을 덜어준다

따뜻한 연민의 마음을 키워준다　　정신력과 지성을 길러준다

있는 그대로 받아들이도록 해준다

명상은 등대처럼 두려움을 환히 비춰주고, 우리가 방석에 앉을 수 있게 해줍니다. 우리의 두려움은 아주 다양합니다. 나쁜 기억에 대한 두려움. 내가 누구고 또 어떤 존재가 될 수 있을지에 대한 두려움. 의지할 곳을 잃을지도 모른다는 두려움. 스스로와 대면하는 두려움. 이해할 수 없는 것에 대한 두려움. 자신의 어두운 면에 대한 두려움. 내면의 지하실 혹은 다락방(잠재의식 혹은 무의식의 어두운 부분-옮긴이)에 집어넣어둔 것들에 대한 두려움. 은밀히 숨어 있는 생각과 억압된 기억에 대한 두려움. 명상을 통해 어딘가에 이르렀을 때 내가 완전히 무너지면 어쩌나, 내 정체가 훤히 드러나면 어쩌나, 내가 다른 사람으로 변하면 어쩌나 하는 두려움. 그 다른 사람의 정체에 대한 두려움. 끔찍이 마음에 들지 않는 상황이지만, 동시에 안락함이 무너질까봐 쉽사리 변화를 택할 수 없는 데서 오는 두려움.

삶을 과감히 바꾸고 싶다면, 과감한 결단을 내려야 합니다.

CHAPTER 3

무슨 일이 있어도, 앉아

명상이 잘 되는지는 직접 해봐야 알아

아주 간단한 얘기에요. 사람들은 흔히 명상에 관해 이런저런 상상
하기를 좋아하고, 저물녘에 자신이 산꼭대기에서 깨달음의 기운
이 온몸의 혈관을 타고 흐르는 가운데 눈을 감은 채 묵묵히 앉아
있는 모습을 그리기를 좋아합니다.

폭풍우 속에서도 고요함을 잃지 않기를 원하고, 찰나의 순간에
자신의 직관과 접속할 수 있기를 바라고, 숟가락을 구부리고 남의 마음을 들여다볼 수 있기를 바랍
니다.

우리 대부분이 명상의 수많은 이익을 잘 알고 있지만, 우리는 여전히 자리에 앉아서 명상하기를 꺼
립니다. 왜 그럴까요? 어째서 명상을 시작하기가 그리도 어려운 걸까요? 그 이유의 일부는 명상을
할 때 우리가 뭔가를 하고 있다는 느낌이 들지 않아서입니다. 차라리 지저분한 화장용 브러시들을
깨끗이 닦는 일이 훨씬 더 생산적으로 보일 수도 있겠죠.

명상에 관한 가장 큰 비밀은, 해야 할 일이라고는 오로지 직접 실천하는 것뿐이라는 점입니다. 굳이
빼어나게 잘해야 할 필요가 없어요. 제대로 하고 있는지를 알 필요조차도 없어요. 그저 매일매일 실
천하기만 하면 됩니다. 나머지는 저절로 알아서 이루어질 거예요.

'나는 명상가meditator가 아냐'라는 것이야말로 대단히 좁은 믿음입니다. 유감스럽게도 대부분의 사
람들이 처음에 명상하려고 하는 것을 방해하는 것은 바로 그런 딱한 믿음입니다. 그러니 이제부터
는 그런 표현을 그냥 받아들이는 게 어떤가요? '당신은 명상가입니다.'

그리고 명상가는 그저 명상합니다.

이름표 다시 쓰기

나는 연설가가 아냐. 달리기 선수가 아냐. 수영 선수가 아냐. 외향적인 사람이 아냐. 작가가 아냐. 운동선수가 아냐. 결혼할 사람이 아냐. 어린애가 아냐. 우리가 입에 달고 사는 '부정문'은 너무 많습니다. 우리는 이런 것들을 대여섯에서 많게는 수십 가지 갖고 있어요. 당신이 스스로에게 달아준 이름표들에 관해 생각해보세요. 그것들은 어디서 왔을까요? 그것들은 사실일까요, 아니면 당신이 아주 오랫동안 그런 이야기들을 스스로에게 들려줘서 이제는 그런 것들을 사실이라고 믿게 된 걸까요? '나는 달리기 선수가 아냐' '나는 작가가 아냐' 같은 한 가지 이름표를 택해서 지금 당장 그걸 변화시켜보세요. 집을 나와 가볍게 조깅하면서 달리기 선수가 되고, 짧은 편지를 쓰면서 작가가 되어보세요. 보통 '할 수 없다'고 생각하는 것들 대부분이 생각을 바꾸면 할 수 있는 것들입니다.

부정적인 이름표들은 우리의 불건강한 습관이 되고 중독 같은 것이 되었다가 나중에는 우리의 정체성이 되어버리고 말아요. 늘 '나는 운동선수가 아냐'라고 규정해온 사람은 새로 운동을 시작하지 않을 공산이 아주 큽니다. 그런 이야기는 본인의 고통을 길게 연장시킬 뿐입니다. 살아가면서 자신이 할 일은 파티장의 스타가 되는 것이라고 다짐하는 알코올 중독자의 경우에도 사정은 마찬가지입니다. 그는 자신을 인간답게 만들어주는 삶의 수많은 다른 측면은 돌아보지 않고 술에 절어 지내는 불행한 삶을 되풀이하죠. 이런 헛소리들은 우리를 통제하는 강력한 힘을 갖고 있어 우리는 매일 그런 것들에 빠져듭니다. 자신을 가둘 우리를 스스로 만들어냅니다. 명상이 안겨주는 수많은 선물의 하나는 그런 이야기 따위는 그냥 내던져버리게 해주는 알아차림awareness입니다.

경고:
자유의 적, 조건화 conditioning

원인: 길들여진 코끼리들은 어리고 약할 때부터 훈련받습니다. 사람들은 코끼리가 멋대로 배회하거나 달아나지 못하게 밧줄이나 쇠사슬로 나무에 묶어놓습니다. 새끼 코끼리는 속박에서 풀려나려고 시도하지만 아직 힘이 약해 성공하지 못하죠. 이윽고 나이가 들어 코끼리는 큰 나무의 뿌리를 뽑아내고 밧줄이나 쇠사슬을 끊어버릴 수 있을 만큼 힘이 세져서 마음만 먹으면 얼마든지 달아날 수 있지만 이미 조건화되었기에 더 이상 탈출하려고 시도하지 않습니다. 이제 사람들은 가는 줄 하나만으로도 코끼리를 얼마든지 묶어놓을 수 있게 됩니다.

결과: 조건화는 이렇게 작용합니다. 우리가 어릴 적 들은 말, 일테면 '너는 아직 한참 부족해' '멍청이 같으니' '너는 할 수 없어'와 같은 말들은 우리 마음속에서 오래도록 사실인 양 남아 있으며, 우리를 구속하는 규정들은 그렇게 생겨나서 평생토록 우리 내면에 머무를 수 있습니다. 이것이 바로 학습된 무기력증입니다. 계속해서 족쇄에 묶여 지내고 싶다면 명상을 할 필요가 없겠죠. 하지만 자유로워지고 싶다면, 과거의 족쇄와 조건화에서 진정 해방되고 싶다면, 명상을 시작하세요.

명상에 대한 속설들

속설

명상은 종교적이고
뭔가를 추종하는 이상한 것.

명상을 너무 많이 하면
내 예리함과 창조적인
재능을 잃어버릴 것 같아.
내게는 마성적인
힘들이 필요해.

명상은 이기적인 거야.

명상을 하다보면
성공에 대한 충동을
잃어버리게 될 거야.

명상을 통해서 무엇인가를 얻으려면 시간이
많이 필요해.

사실

명상은 당신이 자기 자신을 알게 되고,
내면의 평화와 선함을 발견하고,
온 세상과 사랑에 빠지는 일과 관련된 겁니다.
스스로 원하지 않는 한 수행처에
가거나 머리를 삭발할 필요는 없습니다.

자리에 앉아 자신의 마성적인 힘들을
알아차리세요. 그것들을 주시하다보면
아마 많은 것을 알게 될 거예요.

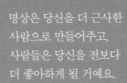

명상은 당신을 더 근사한
사람으로 만들어주고,
사람들은 당신을 전보다
더 좋아하게 될 거예요.

명상은 참으로 중요한 목표에 초점을 맞추게
함으로서 그것을 성취해낼 수 있게 해줄 거예요.

매일 몇 분씩만 해도
삶이 바뀔 거예요.

명상을 하고 싶긴 한데...

시간이 없어

쉬는 시간: 마음만 먹으면 20분 정도의 여유 시간은 얼마든지 만들 수 있습니다. 좀 더 일찍 일어나보세요. 평소보다 좀 늦게 잠자리에 들거나. 사무실에서도 짬을 내어 문을 닫고 눈을 감아보세요. 사무실이나 집으로 들어가기 전에 차 안에서 명상을 해도 좋아요. 인터넷 서핑을 하면서, 혹은 가십거리 뉴스를 보면서, 혹은 쇼핑을 하면서 허비하는 시간에 명상을 하는 건 어떤가요? 20분 정도의 시간은 얼마든지 뺄 수 있을 거예요. 아무리 바쁘다 해도 우리가 매일 낭비하는 시간은 20분보다 훨씬 많을 테니까요.

시계 바늘 늦추기: 명상은 우리 마음속에 늘 존재하는 시곗바늘의 속도를 늦춰줍니다. 그리고 우리가 근심걱정하고, 강박관념에 사로잡히고, 기나긴 목록을 작성하고, 지난 일들을 되새김질하고, 계획하고, 앙갚음하고, 소망하고, 두려워하느라 놀라우리만치 많은 시간을 허비하고 있다는 걸 알려주죠. 명상을 통해서 이렇게 의미 없는 짓거리들을 밀어내버릴 때, 온갖 종류의 시간이 뒷문을 통해서 들어옵니다. 명상은 일종의 투자입니다.

명상메모

우리는 매일 우리 사무실에서 20분씩 명상하기 시작했다. 그것은 꾸준히 명상을 할 수 있는 좋은 방법이었다. 우리 둘이서 함께 명상하는 건 늘 즐거웠고, 그것이 그날의 분위기까지도 좌우했다.

수동적이고 게으른 사람이 될까봐 걱정이 돼

명상은 불편한 기분, 두려움, 근심걱정, 마성과 환영들을 포
함한 당신의 모든 측면을 그대로 싸안고서 앉는 일입니다.
그런 것들을 안고 일단 앉되, 그것들을 판단하거나 비판하거
나 범주화하거나 정당화하거나 감추거나 도망치거나 회피하
지 마세요. 그렇게 하는 것은 게으른 것과는 거리가 아주 멉
니다. 사실 그것은 대단히 도전적인 행위입니다. 한데 그런
점을 이해하려면 실제로 그렇게 해봐야 합니다. 명상은 수동
적인 자세와는 정반대되는 것입니다.

자기도 취적인 사람이 되고 싶지 않아

명상은 자기 자신과 친구가 되는 일이며, 당신은 명상을 통해서 좋은 것이든 나쁜 것이든 아주 추한
것이든 간에 자신의 모든 측면을 자기 것으로 인정하고 사랑하게 됩니다. 당신이 판단하기를 그치
고 자기 자신을 있는 그대로 받아들이기 시작하면, 명상은 자기도취적인 것에서 머물지 않습니다.
그것은 곧 당신의 사랑스럽고 근사한 부분들뿐만 아니라 질투심이나 거만함이나 비열함 등과 같은
어두운 측면들도 있는 그대로 받아들인다는 것을 뜻합니다. 이렇게 할 때 스스로에 대한 더 깊은 수
준의 연민이 자라날 수 있습니다. 조만간 당신은 다른 사람들도 그와 같은 렌즈를 통해서 보게 될
겁니다. 사실, 매일 20분씩 명상을 하는 것은 자기 자신과 관련된 일이긴 하지만, 그런 과정을 통해
서 당신은 명상하는 시간을 제외한 나머지 23시간 40분 동안 더 너그럽고, 친절하고, 따뜻한 사람
이 될 겁니다.

명상이 내 망상을 부추기는 일이 되지나 않을지 걱정이 돼

명상을 할 때면 많은 이들이 뭔가를 골똘히 생각하거나 이런저런 감정으로 복닥거리거나 지난 일을 되새김질하다가 이윽고 3초씩 들이쉬고 내쉬는 데 주의를 집중하며, 그러다 다시 이런저런 생각과 감정에 휘말려 듭니다. 명상 수행의 본질이 바로 그런 거예요. 한데 꾸준히 명상을 하다보면 지난 일로 복닥거리는 시간은 줄어들고 호흡을 주시하는 시간은 더 늘어나기 시작합니다. 심호흡을 하거나 호흡을 주시하거나 만트라를 염송하다 보면 잡다한 생각에 빠져들거나 이런저런 감정으로 복닥거리는 데서 벗어난다는 것을 알아차리게 될 거예요.

20분의 여유 시간이 생긴다면 차라리 운동하러 나갈래

잠깐만, 이건 선택할 필요가 없는 일이에요! 장담하건대, 당신은 양쪽 모두를 할 시간을 얻을 수 있을 겁니다. 제아무리 바쁘다 해도, 자기가 할 일들에 우선순위를 매긴다면 일상 속에서 시간의 문이 활짝 열릴 겁니다. 하지만 자기 자신과 자기 시간을 빈틈없이 꽉 짜놓으면 여유 시간이 얼마 없다는 사실을 알게 될 겁니다. 그럴 때는 사랑, 관계, 노동, 가족, 친구들, 휴가여행, 경이로움을 맛볼 기회 등에 넉넉한 시간을 배정하기가 힘들죠.

명상을 선뜻 시작할 수가 없어

진심으로 명상을 해보려고 노력하는 한, 잘못될 일은 없을 거예요. 그러니 염려는 붙들어 매세요! 단순히 앉아서 호흡하는 일에 문제될 소지가 있겠어요? 마음속에서 당신을 다그치는 난폭한 목소리가 들릴 때 거기에 속아 넘어가서는 안 돼요. 그 말을 주시하면서 하던 걸 계속하세요.

터프가이

쿵푸 마스터 이소룡

 홍콩의 무술인, 배우, 영화제작자, 철학자, 시인, 절권도의 창시자이자 다재다능한 전설적 인물인 이소룡은 아마도 수행에 관한 한 가장 대표적인 인물일 것이다. 그는 매일 수없이 명상을 하고 팔굽혀펴기를 했다고 한다. 그는 명상할 때를 제외하고는 움직임을 결코 멈추지 않았다. 그는 몸을 단련하는 것 못지않게 마음을 수행했다.

어째서 명상을 하지 않죠?

핑곗거리	도움이 되는 이야기
나는 명상가가 아닙니다.	이소룡처럼 되고 싶어요.
나는 명상을 잘 못해요.	이소룡처럼 되고 싶어요.
내 생각과 감정은 결코 쉬지 않을 거예요.	이소룡처럼 되고 싶어요.
너무 바빠서 명상할 시간이 없어요.	이소룡처럼 되고 싶어요.
그건 이기적인 행위 같아요.	이소룡처럼 되고 싶어요.
나는 현실과 맞닥뜨려야 해요.	이소룡처럼 되고 싶어요.
명상하는 건 너무 어려워요.	이소룡처럼 되고 싶어요.
명상을 통해서 효과를 얻으려면 몇 년쯤 해야 해요.	이소룡처럼 되고 싶어요.
너무나 불안하고 초조해요.	이소룡처럼 되고 싶어요.
그건 내가 할 일이 아니에요.	이소룡처럼 되고 싶어요.

왕도는 없다

시작은 심플하게

명상뿐만 아니라 어떤 유형의 습관을 기르는 일에서도 가장 어려운 단계는 새로 시작하는 단계입니다. 핸드폰이 울릴 때마다, 책상에서 일어날 때마다, 한 차례씩 심호흡을 하는 정도로 가볍게 시작하세요. 또는 셀프 주차장에서 차에 기름을 넣는 동안 복식호흡을 다섯 번쯤 해보세요.

명상은 절대 어려운 게 아냐

천체물리학을 배우는 것? 어렵지요. 평균대 위에서 공중제비를 하는 건? 이것도 어려워요. 프랑스 일주 국제 자전거 경주에서 우승하기도 마찬가지에요. 하지만 명상은 아주 쉬워요! 숨을 쉴 수만 있으면 거의 다 준비된 거니까요. 물론 좀 더 쉽게 명상을 할 수 있게 해주는 약간의 비결이 있긴 합니다. 실제로 앉는 것이죠.

더 나은 삶을 원한다면,
그런 삶을 이루기 위해 실천하는 일을 더 잘해야 합니다.

의심쟁이가 될 필요는 없어

우리 문화는 결과 지향적입니다. 우리는 숫자와 자료와 증거를 얻고 싶어 합니다. 그러나 명상의 모든 측면이 다 실체적이지는 않습니다. 다이어트와 운동과는 달리 명상의 결과나 이익이나 변화는 일일이 측정하거나 계량할 수 없습니다. 물론, 과학자들과 의사들은 명상이 신체에 미치는 모든 종류의 결과를 분석하고 있고, 그런 연구들은 괄목할 만하죠. 하지만 당신은 아마 매달 MRI를 찍으러 가거나 매일 혈압을 재는 것 말고는 다른 식의 어떤 측정도 하지 않을 겁니다.

하지만 당신은 자신이 그 전까지 평생에 걸쳐서 해온 방식들과는 전혀 다른 방식으로 상황을 다루고 있다는 것을 알게 될 겁니다. 그런 유형의 결과와 이익들은 측정하기가 아주 어렵지만, 그런 것들이야말로 명상에서 참으로 중요합니다.

명상을 끈질긴 습관으로 만들어보자

1. 하루하루 꾸준하게 하세요. 오늘 당장 명상을 해보세요. 그러면 됩니다.

2. 매일 적당한 시간을 골라서 해보다가 이 닦는 일처럼 이미 하고 있는 어떤 일과 연동시켜서 해보세요. 다음 주에 매일 이를 닦고 난 뒤 10분간 눈을 감고 호흡을 주시해 보세요. 할 수 있다면 하루에 두 번씩 해도 괜찮아요.

3. 그렇게 계속하세요. 하루를 걸렀다구요? 문제될 게 뭐 있겠어요? 그냥 다음날 다시 시작하면 되죠.

신병훈련소

우리가 무엇인가를 계발할 때 훈련이라는 말을 씁니다. 평소 제
대로 훈련을 하지 않으면 필요할 때 할 일을 제대로 해낼 수 없
습니다. 그것은 십년 동안 동네에서 한 번도 달리기를 해보지
않은 사람이 갑자기 마라톤을 하는 것과 비슷하죠. 어쩌다 코스
를 완주할 수도 있겠지만, 완전히 기진맥진할 테고, 그 때문에
다시는 마라톤을 하려 들지 않을 공산이 큽니다. 그러니 다음번
에 누가 당신에게 마라톤을 하라고 하면 당신은 "아, 나는 못해
요. 그런 훈련을 하지 않아서"라고 말할 겁니다. 명상의 경우에
도 당신은 당연히 훈련을 하지 않았습니다. 그러니 그런 훈련을 해봐야 합니다.

명상에 우선순위를 부여해주지 않는 한 당신이 해야 할 다른 어떤 일이 항상 생길 겁니다. 그러니
할 일을 다 하고 다른 할 일들의 목록을 죄다 살펴볼 때까지 마냥 미루지 마세요. 해야 할 일들이 꼬
리를 물고 끝없이 등장할 테니까요. 명상 훈련은 피곤하거나 아프거나 기분이 언짢거나 명상을 할
마음이 없을 때도 기꺼이 방석에 앉기 위한 것입니다. 일정한 시간 동안 방석에 앉아보세요. 어떤
마음자세로 앉아도 상관없습니다. 설령 방석에 앉기는 앉았는데 오늘은 명상하고 싶지 않다는 생각
만 맴돈다 해도, 그저 꾹 참고 그런 부정적인 생각이 맴도는 걸 주시하세요.

명상을 실현가능한 일로 만들어 보자

일단 8주 동안 앉아보세요

살다 보면 가끔 계획을 세우기 더 쉬운 경우가 있습니다. 8주는 어떤 일을 시작해서 그 결과를 어느
정도 가늠해보기 좋은 기간이기에 많은 이들이 8주라는 숫자를 선호하지 않나 싶습니다. 그 기간은
본격적인 명상에 들어가기 전에 갖는 프리시즌과도 같습니다. 8주 훈련은 가볍고 쉬우며, 또 가장
중요한 것은 실현가능하다는 점입니다.

일단 앉아보세요 : 8주 훈련

첫째 주

숨결마다 집중하기
하루 3분씩

호흡에 집중하기

간단하게 해봅시다. 눈을 감고 호흡에 집중하세요. 숨을 들이쉬고 내쉬는 동안 마음이 엉뚱한 데서
헤맬 때는 주의의 초점을 다시 호흡에 맞추도록 하세요. 핸드폰 알람을 3분 뒤로 맞춰놓고 알람이
울릴 때 끝내는 거예요. 3분 이상 넘어가지 않도록 하세요. 이건 경기가 아니라(자기 자신과의 경쟁도
아니에요) 훈련이라는 걸 잊지 말아요.

힌트

3분 명상 시간을 당신이 이미 하고 있는 다른 어떤 일과 연동시키기를 권합니다. 예컨대 커피를 내리는
동안 3분간 앉아보세요.

명상이 끝난 뒤 노트에 날짜와 시간을 적고 자신이 경험했거나 경험하지 못한 내용을 기록하
는 시간을 가져보세요. 7일 동안 연속해서 3분씩 앉도록 하되 만일 하루를 걸렀다면, 첫 주의
첫날 명상부터 다시 시작하세요.

명상을 연속해서 7일간 한 뒤에는 둘째 주로 넘어가세요.

73

둘째 주

숫자 세기
하루 4분씩

호흡세기

숨을 들이쉴 때 천천히 4를 세고, 숨을 내쉴 때 천천히 4를 세세요. 숫자를 하나씩 셀 때마다 엄지로 검지를 짚고(1), 이어서 중지를 짚고(2), 이어서 약지를 짚고(3), 마지막으로 새끼손가락을 짚으세요(4). 그것으로 끝! 간단하죠? 그러고 나서 그 과정을 거듭 반복하세요. 그 과정에서 마음이 이리저리 헤매고 다닐 텐데 그럴 때는 넷까지 세는 과정을 다시 시작하세요.

힌트

자신이 급하게 숫자를 센다는 것을 알아차릴 때는 세는 속도를 늦추도록 하세요. 여기에 결승선 같은 건 없습니다.

4분 명상이 끝난 뒤에는 노트에 날짜와 시간, 자신이 경험했거나 경험하지 못한 내용을 기록하는 시간을 가져보세요. 7일 동안 연속해서 4분씩 앉도록 하되 만일 하루를 걸렀다면, 둘째 주의 첫날 명상부터 다시 시작하세요.

명상을 연속해서 7일간 한 뒤에는 셋째 주로 넘어가세요.

셋째 주

배에 의지하기
하루 5분씩

깊은 복식호흡

두 손을 배에 대고, 숨을 들이쉴 때 배가 부풀어 오르는 것을 느껴보세요. 내쉴 때 배가 수축하는 것을 느껴보세요. 자신의 배를 의지처로 활용하세요. 마음이 이리저리 배회할 때 배에 댄 두 손의 감촉 덕에 호흡으로 되돌아옵니다.

힌트

이런 훈련이 불편하게 느껴진다면, 작은 베개를 배에 대놓고 그것을 의지처로 활용해도 좋아요.

명상이 끝난 뒤에는 노트에 날짜와 시간, 자신이 경험했거나 경험하지 못한 내용을 기록하는 시간을 가져보세요. 7일 동안 연속해서 앉도록 하되 만일 하루를 걸렀다면, 셋째 주의 첫날 명상부터 다시 시작하세요. .

명상을 연속해서 7일간 한 뒤에는 넷째 주로 넘어가세요.

넷째 주

가슴의 빛을 밝히기
하루 6분씩

가슴을 여는 명상

편안히 앉아서 둥근 빛이 자신의 심장이 자리 잡고 있는 공간을 에워싸고 있는 광경을 떠올려보세요. 숨을 들이쉴 때마다 그 빛이 아주 조금씩 더 밝아지고, 내쉴 때마다 마치 당신이 살아 있는 태양에너지 판이라도 되는 양 그 빛이 아주 조금씩 더 커져갑니다. 이런 명상을 매일 6분씩 하고, 점점 눈이 부셔서 견딜 수 없을 때까지 해보세요.

힌트

명상이 잘 되고 있는지, 자신이 뭘 하고 있는지에 너무 신경 쓰지 마세요. 당신은 그저 호흡하고 있을 뿐이라는 점을 명심하세요.

명상이 끝난 뒤에는 노트에 날짜와 시간, 자신이 경험했거나 경험하지 못한 내용을 기록하는 시간을 가져보세요. 7일 동안 연속해서 앉도록 하되 만일 하루를 걸렸다면, 넷째 주의 첫날 명상부터 다시 시작하세요.

명상을 연속해서 7일간 한 뒤에는 다섯째 주로 넘어가세요.

다섯째 주

근사한 울림
하루 8분씩

만트라 명상

숨을 들이쉬면서 부드럽게 '삿Sat'이라고 말하고, 숨을 내쉬면서 '남Nam'이라고 말해보세요. 또는 '옴Om 옴Om'이나 '우리 엄마'라고 반복해서 말해도 좋아요. 효과가 있다면 어떤 말을 해도 상관없어요. 만트라 명상의 핵심은 자신이 더 이상 그런 주문을 읊지 않는다는 것을 알아차릴 때 자기 마음이 엉뚱한 데서 헤매고 있어 다시 주문을 읊는 일로 돌아가야 한다는 것을 알게 된다는 점입니다.

힌트

당신의 마음에 울림을 줄 수 있는 말을 찾아내세요. 먼저 몇 개의 말을 시험해본 뒤 그 중에서 자기에게 맞는 말을 골라보세요.

명상이 끝난 뒤에는 노트에 날짜와 시간, 자신이 경험했거나 경험하지 못한 내용을 기록하는 시간을 가져보세요. 7일 동안 연속해서 앉도록 하되 만일 하루를 걸렀다면, 다섯째 주의 첫날 명상부터 다시 시작하세요.

명상을 연속해서 7일간 한 뒤에는 여섯째 주로 넘어가세요.

여섯째 주

침묵의 소리
하루 10분씩

일상의 소리 듣기 명상

사이렌 소리, 차량 통행하는 소리, 도시 소음, 에어컨 소리, 고양이의 숨소리를 비롯한 주위의 온갖 소리에 귀기울여보세요. 아무 소리도 들리지 않는다는 생각이 들 때도 역시 귀기울여보세요. 마음을 차분히 가라앉히고 주의 깊게 들어보세요. 마음이 방황하고 있다는 것을 알아차릴 때는 다시 주위의 온갖 소리에 귀기울이는 자세로 돌아오세요. 귀로 관찰해보고, 소리가 들리지 않을 때는 마음이 엉뚱한 데서 헤매고 있는 것이니 얼른 다시 소리에 귀기울여보세요.

힌트
하나의 소리에 초점을 맞추세요.

명상이 끝난 뒤에는 노트에 날짜와 시간, 자신이 경험했거나 경험하지 못한 내용을 기록하는 시간을 가져보세요. 7일 동안 연속해서 앉도록 하되 만일 하루를 걸렀다면, 여섯째 주의 첫날 명상부터 다시 시작하세요.

명상을 연속해서 7일간 한 뒤에는 일곱째 주로 넘어가세요.

일곱째 주

이제는 분명히 볼 수 있어
하루 15분씩

보는 명상

눈을 뜬 채로 앉아서 방 안에 있는 어느 한 대상에 초점을 맞춰보세요. 그 대상을 보면서 그것의 세부를 주의 깊게 응시하세요. 자신이 그것에 더 이상 초점을 맞추고 있지 않다는 것을 알아차릴 때는 자기 마음이 딴 데서 배회하고 있는 것이니, 주의의 초점을 다시 그 대상에 맞추세요.

힌트
꽃이나 하늘이 보이는 창문을 바라보는 걸 추천해요. 자연물은 결코 지루하지 않거든요.

명상이 끝난 뒤에는 노트에 날짜와 시간, 자신이 경험했거나 경험하지 못한 내용을 기록하는 시간을 가져보세요. 7일 동안 연속해서 앉도록 하되 만일 하루를 걸렀다면, 일곱째 주의 첫날 명상부터 다시 시작하세요.

명상을 연속해서 7일간 한 뒤에는 여덟째 주로 넘어가세요.

여덟째 주

다 덤벼!
하루 20분씩

대상을 가리지 않고 알아차리는 명상

방석에 앉아서 내외 면에서 일어나는 것들, 곧 생각, 소리, 냄새, 느낌, 노래, 하품, 시, 농담이나 개그를 비롯한 어떤 것이 생겨나거나 다가와도 그대로 허용해주세요.

어떤 것이 등장하든 그대로 내버려두고, 다른 어떤 것이 의식선상에 떠오르는 것을 알아차릴 때는 먼젓번 것을 내려놓으세요.

마음이 주의력을 잃고 엉뚱한 데서 배회할 때는 첫째 주에서 일곱째 주에 이르는 동안 썼던 방편들을 활용해서 원래의 주시 상태로 다시 돌아오게 해주세요.

> ### 힌트
> 함께 명상하는 건 명상하는 일을 더 즐겁고 수월하게 만들어줍니다. 우리 둘이서 함께 명상하는 건 바로 그 때문입니다. 친구에게 같이 명상해보자고 권하는 건 어떨까요.

명상이 끝난 뒤에는 노트에 날짜와 시간, 자신이 경험했거나 경험하지 못한 내용을 기록하는 시간을 가져보세요. 7일 동안 연속해서 앉도록 하되 만일 하루를 걸렀다면, 여덟째 주의 첫날 명상부터 다시 시작하세요.

드디어 7일 연속 성공했다면
축하해요! 이제 당신은 명상의 온갖 기술을 다 갖춘 셈이에요. 참 잘했어요!

만약 8주 명상 계획을
18주 만에 완료했다고 해도,
훈련을 일단 시작한 것만도 대단한 일.

8주 계획에 관한 메모

황금 시간대

아이들이 학교 가기 위해 집을 나섰거나 어항 속 물고기들에게 밥을 준 뒤인 아침 시간을 명상시간으로 정해두는 것도 좋아요. 때맞춰 시간을 알려주는 타이머처럼 명상할 시간을 환기시켜주는 것들이 뭐가 있는지 생각해보세요. 아이들이 현관문을 쾅 닫고 나갈 때, 물고기들이 밥 주위에 모여들어 먹기 시작할 때. '땡!' 자, 이제 명상할 시간입니다.

일단 앉으세요

우리 대부분은 '모 아니면 도'라는 사고방식을 갖고 있어요. 그러다 보니 명상을 하겠다고 마음먹으면 온갖 거창한 계획들이 머릿속에 떠오르죠. 금주, 금연, 과식 삼가기, 전보다 더 열심히 운동하기, 체중 15kg 감량, 구석기 다이어트Paleo Diet(구석기인들의 식사습관을 따라하는 식이요법-옮긴이), 디지털 디톡스(전자기기나 인터넷 사용을 멀리하는 요법-옮긴이), 각종 치료나 상담받기 등등. 하지만 한꺼번에 모든 걸 다 바꾸려 들지 마세요. 신년 계획을 잔뜩 세워놓고 일 년 뒤에 후회하는 건 이미 해봤잖아요?

8주 동안 명상에만 집중하세요. 그것뿐입니다. 일단 앉으세요. 현실적으로 볼 때, 앞에서 열거한 모든 걸 한꺼번에 다 하려고 한다면 어느 것 하나도 제대로 해내지 못할 거예요. 작심삼일이죠. 명상과 주시로 시작하세요. 명상을 통해서 담배, 도넛, 다섯 번째 와인 잔을 집어 들게 하는 근본 요인을 드러나게 하세요. 명상은 스스로에게 너그럽게 대하는 법을 배우도록 도와줄 거예요. 그렇게 되면 자기 삶에서 자기 파괴적인 온갖 습관들을 다루기가 훨씬 더 쉬워질 거예요.

아무튼 해보자

매일 방석에 앉는 일이 쉬운 일이라면 누구나 다 그렇게 했겠죠. 그러니 너무 피곤하든, 몸이 아프든, 졸리든 간에 어떻게 해서든 명상을 해보세요. 일찍이 "오늘 명상을 한 걸 후회해"라고 말한 사람은 아무도 없었다구요!

기다리면 복이 온다

세인트루이스의 워싱턴대학에서 행한, '만족지연delayed gratification'(심리학 용어로서 즉각적 만족 immediate gratification과 반대되는 개념-옮긴이)에 관한 연구는 우리가 도전해볼 만한 어떤 일(명상하기 위해서 앉는 일 같은)을 하는 데서 올 미래의 이익에 관해 긍정적으로 생각하면 할수록 그 일을 성취할 가능성이 더욱 더 높아지리라는 것을 보여줍니다. 기다림 끝에 오는 만족은 전전두엽 피질을 활성화시켜주지요. 우리가 현재 좋은 일을 하고 있고, 나쁜 일을 하고 있지 않기 때문에 미래에 좋은 결과가 오리라는 것을 알게 될 때 우리는 기쁨과 즐거움을 느낍니다.

명상이 당신에게 많은 이익을 안겨주고 당신의 삶을 변화시켜 주리라는 것을 굳게 확신하면 할수록 매일 방석에 앉는 일이 더욱더 수월해질 거예요. 그런 이익에 관한 믿음이 있느냐 없느냐에 따라 명상을 하게 될 수도 있고 하지 않게 될 수도 있죠. 그러니 부디 그런 믿음을 버리지 말기를.

명상하기 딱 좋은 시간

 아침에 일어나자마자

 첫 커피를 마시고 난 직후

 개를 산책시키고 난 뒤

 샤워를 한 뒤

 운동을 하고 난 뒤

 요가를 하고 난 뒤

 출근 전 주차된 차 안에서

 점심시간에

 퇴근 후 집 앞에 대놓은 차 안에서

 저녁 식사하기 전

 아이들을 재운 뒤

 밤에 메일을 보기 전

 와인 한 잔을 마신 뒤

 잠자리에 들기 전

주의사항:
명상은 패스트푸드가 아니다

BEFORE

즉각적인 만족에 대한 우리의 집착은 자제심의 문제입니다. 호흡하고 교류하고 현재에 살아가는 등의 행위는 당신의 마음을 느긋하게 해주고, 즉각적인 만족을 갈망하는 흐름을 늦춰줍니다. 그러한 늦춤은 조건반사적 반응reacting 과 이성적 반응responding의 차이를 만들어내고, 즉각적이고 일시적인 만족만을 주는 것들을 요구하는 고질적인 습관들을 멈추게 합니다. 우리는 "나는 지금 당장 그것을 원해"라고 외쳐대는 시대에, 일테면 아마존, 넷플릭스, 킨들, 우버, 트위터, 인스타그램, 페이스북, 틴더Tinder(온라인 데이팅 앱-옮긴이) 같은 것들을 원하는 시대에 살고 있습니다. 그런 쾌락의 순환회로는 우리를 몽롱한 마비상태에 빠져들게 해서 결국은 우리가 어째서 물건을 사거나 마시거나 문자주고받기를 하는지를 잊어버리게 만드는 은밀하고 교활한 능력을 갖고 있죠.

AFTER

우리는 그런 충동들을 관찰함으로써, 마음을 차분히 가라앉히고 스스로에게 묻습니다. "이봐, 자네는 어째서 이런 일을 하고 있는 거지?"

변화는 바라보기와 더불어 시작됩니다.

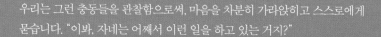

기다려! 기다려!

- **주시:** 무엇인가를 갈망할 때마다 마음속에서 어떤 일이 벌어지고 있는지 알아차리도록 하세요.

- **기다림:** 내키는 대로 행동해서는 안 돼요. 아무 생각 없이 덜컥 구두를 주문하고, 도넛을 집어 들고, 하루에도 골백번 이메일을 열어보지 말라는 뜻이죠. 단 몇 분 간만이라도 자신이 하고 있는 일에 참으로 주의를 기울여보세요.

당신이 궁금해 할 것들

머지않아 Not Far Now (Richard Shindell의 여덟 번째 앨범 제목이기도 하다—옮긴이)

억지로 참고 방석에 앉는 대신 스스로 원해서 앉기까지는 얼마마한 시간이 걸릴까요?

사람마다 다를 거예요. 어떤 사람들은 금방 그렇게 되고, 또 어떤 사람들은 엄청나게 오래 걸릴 수 있어요. 억지로 마음을 내서 앉아야 할 때가 많겠지만 가끔 아무 저항감 없이 자연스럽게 방석에 앉을 때도 있을 거예요. 중요한 것은 어떤 식으로 경험하든 너무 조바심치지 말아야 한다는 점이에요. 아무튼 자신의 느낌이 어떤지 알아차리면서 앉아보세요.

지치고 힘들 때

삶이 순탄하게 흘러갈 때는 명상할 시간을 내기가 쉬운 데 반해 스트레스가 심할 때는 그러기가 어렵습니다.

지극히 정상적인 일이에요! 우리가 명상을 하는 것도 그 때문입니다. 스트레스가 심할 때야말로 명상에 박차를 가해야 할 때입니다. 명상은 어렵고 힘든 상황을 돌파해나가는 가장 좋은 방법입니다.

나는 할 수 있다… 나는 할 수 있다…

뭔가 잘못 하고 있는 느낌이 들 때는 어떻게 하면 좋을까요?

어리석고 터무니없는 짓을 하고 있는 것 같은 느낌이 드는 날이 분명히 있습니다. 그리고 그런 날은 꼭 필요한 실질적인 일을 하고 있는 것 같은 느낌이 드는 날에 못지않게 중요한, 아니, 어쩌면 그보다 더 중요한 날일 겁니다. 명상이 터무니없는 짓처럼 느껴지더라도, 앉으세요. 누구에게나 그런 날이 있습니다. 그저 내면의 흐름에 주의를 기울이세요. 명상을 통해서, 정신없이 돌아가는 당신의 작은 뇌 속에서 일어나는 모든 것에 환한 빛을 비춰주세요. 그 쇼를 즐기세요.

제가 하는 명상이 더 나아지기는커녕 더 후퇴하는 것만 같습니다. 처음 시작했을 때는 15분쯤도 거뜬히 했는데 이제는 5분도 하기 어렵다구요.

잘하고 못하고가 없습니다. 처음 시작할 때는 명상이 새롭고 흥미로운 것으로 비치기에 오랜 시간 앉아 있기가 쉽죠. 한데 나중에는 5분이 5시간처럼 느껴지는 날들이 있을 것이고, 그런 때야말로 명상이 가장 필요한 때입니다. 중요한 것은 그 방정식에서 모든 규칙이나 판단을 배제하고 일단 앉는 겁니다. 그러고 나서 내일 다시 앉아서 명상을 하는 겁니다.

20분도 여유가 없다구?

간디는 할 일이 참 많은 사람이었습니다. 그는 인도에서 영국인들을 몰아내고 나라의 독립을 이루고 모두에게 평등한 사회를 이루기 위해 투쟁하느라 늘 하루에 적어도 50km(하루 6만 보에 해당)씩 걸어 다녔습니다. 그러니 그가 "내게는 명상할 시간이 없어"라고 말했다면, 당신은 충분히 그럴만하다고 이해했을 겁니다. 하지만 그는 정말로 정신없이 바쁜 날에도 그런 말을 하지 않았습니다. 그 대신에 그는 누가 물으면 "오늘 내게는 이뤄내야 할 일이 너무 많아서 평소처럼 한 시간이 아니라 두 시간 동안 명상해야 합니다"라고 말했습니다.

그러니 바쁘다고 불평하지 말고 일단 앉으세요.

CHAPTER 4

DIY 명상:
나에게 맞는 방식 찾기

명상에 도움이 되는 근사한 방식

명상을 하는 데는 주의를 기울이는 것 말고 다른 어떤 것도 필요치 않아요. 하지만 명상을 할 때 좀 더 형식적인 것들을 필요로 하는 이들에게 우리는 매일 언제 어디서, 그리고 어떤 데 앉고, 어떤 옷을 입고, 어떤 사람에게서 도움을 받는 게 좋은가, 명상수업이나 공동연구회나 명상센터에서는 어떤 것을 기대할 수 있는가 하는 의문들과 관련된 몇 가지 선택지를 제시하려고 합니다.

단순한 접근법을 택할 수도 있지만, 적당한 장소를 찾아내거나 제단을 만들 수도 있고, 침대 밑에서 염주와 목걸이가 든 상자를 꺼내거나 몸에 향기로운 오일을 바르거나 향초를 태울 수도 있어요.

시간과 장소

어디에서나 장소에 상관없이 할 수 있다는 게 명상의 장점입니다. 소파에서, 사무실에서, 감옥에서, 교회에서, 아이들 운동회에 가서 응원하면서, 운전면허 시험장에서, 스키장의 리프트에서, 미용실에서, 네일숍에서, 사우나, 욕조, 공중목욕탕에서 등 어디에서나 말이죠.

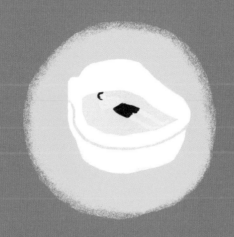

휴대용 도구처럼 써요

명상하는 법을 배운 뒤에는 어디에서나 명상을 할 수 있어요. 언제 어디서 명상을 해야 한다는 규칙 따윈 없습니다. 물론 매일 같은 시간, 같은 장소에서 명상을 하는 것은 상당히 효과적인 방법이죠. 그렇게 하면 명상을 하고 싶은 기분도 더 나고, 명상과 일상에 중요한 의미를 더해줍니다. 그러다 보면 명상은 규칙적이고 재미있는 습관이 되기도 하죠.

그러니 자신에게 맞는 장소를 찾아보세요. 어디든 상관없어요. 내일, 모레에도 다시 자리를 깔고 앉기 좋은 곳을 찾으세요. 그게 세탁실 바닥이라 할지라도 당신에게는 은밀하고 신비한 명상의 오아시스가 될 수 있어요!

시간이 흐르고 흐르면

황금시간대

어떤 사람들은 많은 센터에서 아침 일찍 명상을 한다는 점 때문에 새벽이 명상하기에 가장 좋은 시간이라고 말할지도 모릅니다. 하지만 세상에는 두려움을 극복하기 위해 불타는 석탄 위를 걸어보라고 권하는 사람들도 있습니다. 우리는 그렇지 않아도 힘든 것을 더 힘들게 하는 것은 좀 어리석은 짓이라고 생각합니다. 자신에게 맞는, 자신이 실제로 방석에 앉을 명상 시간대를 찾아보세요. 만일 오전 3시 45분이 당신에게 딱 맞는 시간이라면, 그 시간에 일어나도록 하세요.

명상을 특별한 것으로 생각할 필요 없어요. 과한 기대는 실망만 낳죠. 새해 전날 밤을 생각해보세요. 모두가 다 그 밤이 생애 최고의 밤이 되었으면 하고 기대합니다만, 대개는 하품이 나올 만큼 시시하죠. 그런 압박감을 거둬버리고 시간이 있을 때 방석에 앉도록 하세요.

명상을 하는 데 어떤 규칙도 없긴 하지만, 습관적인 일과를 하기 전후에 명상 시간을 두는 것도 참 좋은 방법입니다. 운동을 한 뒤, 사우나를 하기 전, 개나 고양이에게 사료를 준 뒤, 아이들에게 밥을 먹인 뒤, 오후에 커피 한 잔을 마시기 전, 혹은 동창 모임 전에 명상을 해보세요.

명상할 짬은 언제든 있다

자세 갖추기

5분 동안 명상할 시간을 내기 어려운 날에도 잠자기 전 30초 동안 책상다리를 하고 앉아보세요. 그렇게 하는 것도 명상에 해당됩니다. 다른 모든 방법이 다 실패로 돌아간다면? 내일 다시 해보세요.

모닝 커피

아침에 일어나 명상하기 전에 커피를 마셔야 한다면 필히 한 잔을 들고 나서 15~20분간 명상을 하세요. 다만, 카페인이 과도한 흥분 작용을 불러일으킨다면 이런 방식은 당신에게 맞지 않는 거예요. 그 경우에는 반잔만 마시고 나머지는 명상이 끝난 뒤 마시도록 하세요. 아침 커피와 더불어 아침 명상을 즐겨보세요. 그 둘이 친구가 되지 못할 이유가 어디 있겠어요?

기념할 만한 순간들

결혼, 첫 아이의 탄생, 승진, 이사 같은 중요한 순간들은 일상의 흐름을 무너뜨릴 수 있어요. 일이 순탄하게 잘 돌아가서 고민이 없을 때는 명상하는 걸 거르고 그 대신 샴페인을 마시기 쉽죠. 이런 때일수록 일단 앉아요. 건배는 그 다음에 해요.

여행하는 동안

여행 중에도 명상 시간을 마련해보세요. 그렇게 하지 않으면 거르기가 아주 쉽습니다. 현지에 도착해서 짐을 풀자마자 명상할 시간과 장소를 정하세요. 그리고 매일 그 시간과 장소에서 명상하도록 하세요.

명상메모

다음날 아침에 명상하기 위한 준비로 밤에 방석을 미리 꺼내두길. 그러면 다음날 아침에 만사 제쳐놓고 명상하겠다는 마음자세를 갖고서 잠자리에 들게 될 것이고, 그것은 명상을 지속하는 데 도움이 된다.

호텔 방에는 명상하기 좋은 공간이 많다

커튼 뒤:

작고 호젓한 공간을 찾고 있다면 커튼
뒤도 괜찮아요. 단, 얼굴을 창문 쪽으로
향하는 것을 잊지 말고.

발코니:

발코니가 있다면 그 넓은
야외 공간을 즐겨보세요.

벽장 안:

다른 사람과 같은 방을 쓰고 있다면
벽장 안도 대단히 좋은 장소입니다.

의자:

시트 위에서 책상다리를 하고 앉거나
바닥에 발을 대고 앉으세요.

방바닥:

침대를 등지고 앉으세요.

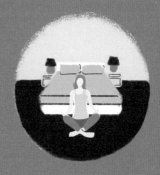

침대 위:

베개를 깔고 앉아서 할 수 있어요.

욕조 안:

거품을 푼 물 속에서 안면 마스크를
쓰고 해도 됩니다. 몸을 목까지 담근
상태에서 명상하기 딱 좋아요.

변기 위에서:

가족과 함께 여행한다면 화장실만큼
명상하기 좋은 공간도 없죠.

어디든 앉자

어떤 사람들은 제단, 티피(모피로 만든, 아메리카인디언
의 원뿔형 천막-옮긴이), 스웨트 로지(아메리카인디언이 몸
을 씻거나 기도를 올릴 때 쓰는 오두막집-옮긴이), 세이지
향으로 채워진 성소를 좋아하고, 또 어떤 이들은 자
기네의 이케아 소파에 앉아서 명상하기를 좋아합니
다. 어느 쪽을 고르든 기분이 좋아지는 공간은 매일
명상하는 데 도움이 될 거예요. 중요한 것은, 새로 명
상하기 시작할 때 명상할 만한 특정한 공간과, 향로나 티벳 명상주발 세트 같이 소도구들이 갖고 싶
어질 수 있다는 점입니다. 하지만 그것들이 자신을 본격적인 명상 수행자로 만들어줄 것이라고 생
각해서가 아니라 자기에게 잘 맞는다는 느낌이 들 때만 그렇게 하세요. 그런 것을 갖춘다고 해서 그
사람이 본격적인 명상 수행자가 되는 건 아니니까요.

참고로 말하자면

명상하는 동안 잠이 든다면 그것은 명상하는 것과 같은 효과를 갖지 못합니다. 그건 명상이 아니라
그냥 '수면'입니다.

어떻게하든 다 도움이 된다

우리가 가장 많이 받는 질문은 '명상을 한 번 할 때 얼마 동안 해야 하는가'입니다. 대개, 아주 짧은
시간 동안 명상을 하는 게 과연 효과가 있을지 궁금해하죠. 그 답은 '얼마나 하든지 간에 다 도움이
되며, 앉아 있는 시간의 양은 그다지 중요하지 않다'입니다. 우리는 20분씩 하는 걸 좋아하지만, 각자
자기에게 맞는 시간만큼 하면 됩니다. 처음 명상하기 시작했을 때 우리는 매번 조금씩 시간을 늘려
가며 하는 것이 도움이 된다는 걸 발견했습니다. 하지만 얼마나 오래 앉아 있느냐 하는 것보다는 실
제로 앉는 것이 더 중요해요.

시간을 나눠서 해보자

명상하는 것이 여전히 부담되고 꺼려진다면, 한 번에 명상하는 시간을 쪼개서 두세 차례에 걸쳐서 짧은 시간 동안 하는 것이 좋아요. 어떤 식으로든 자기에게 맞는 방식을 찾는 게 중요합니다. 나중에는 아마 더 오랫동안 앉아 있는 것을 즐기게 될 거고, 분명 더 많은 것들을 얻어낼 거예요. 하지만 처음 시작할 때는 불필요한 부담을 주지 않도록 하세요. 잘하고 못하고가 없으니, 일단 앉으세요.

소망하면 이루어진다

당신 역시 SF영화의 감독처럼 자신의 현실을 창조해낼 수 있습니다. 하지만 그러기 위해 굳이 감독이 될 필요는 없죠. 그저 자신을 명상하는 사람으로, 매일 같은 시간, 같은 장소에 나타나 명상을 하는 사람으로 자신의 모습을 그려볼 수 있습니다.

그런 모습을 그려낼 수 있다면 실제로 그렇게 할 가능성은 훨씬 더 높아질 겁니다.

어떤 경우에도 이런 가능성은 늘 존재합니다.

회사에서

요즘은 많은 회사들이 명상룸을 가지고 있거나, 업무를 위한 워크숍을 제공합니다. 설령 회사에 그런 공간이 없다 해도 남몰래 명상할 수 있는 방법은 얼마든지 있습니다. 상사가 싫어한다면, 명상이 생산성, 창조력, 집중력 향상에 큰 도움이 되고 작업장 분위기를 훨씬 더 좋게 만들어준다는 점을 잘 설명해주세요.

명상의 부가적 기능

외부와 동떨어진 호젓한 방이 명상하기에 더없이 좋은 공간처럼 여겨질 수도 있습니다만, 그런 곳은 거의 없죠. 그런데 꼭 그렇게 조용한 방에서 명상할 필요는 없습니다. 설령 당신이 사람이 많고 시끄러운 사무실에서 근무한다고 해도, 근무 중에 명상할 수 있는 방법은 얼마든지 있습니다. 게다가, 시끄럽고 복작거리는 공간에서 명상할 수 있다면, 복잡하고 어지러운 일상생활에서도 늘 침착하고 차분하게 지내는 데 도움이 될 겁니다.

회사에서 명상할 수 있는 곳

화장실: 최우선적으로 선택할 만한 곳은 아니겠지만, 필요하다면 여기서라도 해야죠.

컴퓨터 앞에 앉아서 헤드폰을 끼고 명상을 하세요.

회의실이 언제 비는지 알아두도록 하세요.

엘리베이터 안에서 잠시 반짝 명상을 해보세요.

어느 건물에서든 계단은 비어 있답니다.

사무실에서 살짝 빠져나와 걷기 명상을 해보세요.

사무실 탈출

재니스 마투라노 부사장

알아차림 리더십 연구소Institute for Mindful Leadership의 창립자이자 이사장이었고, 미국 식품회사 제너럴 밀스의 경영인을 맡았던 재니스 마투라노Janice Marturano는 미국 기업계에 명상을 알린 선구자다. 그녀는 명상 리트릿에 다녀온 뒤 자신의 상사에게 제너럴 밀스 내에 있는 방 하나를 명상하는 데 사용할 수 있느냐고 물었다. 그 직후 그녀는 사내 명상 프로그램을 개발했고, 그 프로그램은 훗날 알아차림 리더십 연구소가 되었다.

그녀는 전 세계 경제계 명상가들의 영웅이다.

출근에서 퇴근까지

구글에는 행복관리 팀장과 사내 명상 프로그램이 있습니다. 모든 회사가 다 구글 같지 않은 것은 사실이지만, 제너럴 밀스, 애트나Aetna, 타겟Target, 골드만삭스, 미군을 포함한 많은 기업과 단체들이 그런 모범을 따르고 있다는 걸 알면 당신은 놀랄 겁니다. 상사에게 이런 걸 좀 알려주세요. 그리고 그러는 김에, 건강관리 프로그램에 명상을 포함시킨 회사들에서 생산성은 증가하고 병가 횟수는 감소했다는 통계수치도 보여주도록 하세요.

직장에서의 명상

의료보험 관련 대기업인 애트나는 2011년에 마음챙김과 젠틀 요가(gentle yoga, 본격적인 요가보다 강도가 세지 않은 요가-옮긴이) 프로그램을 들여온 이래 직원 한 명당 건강관리 비용이 2천 달러 가량 줄었고, 생산성은 3천 달러 가량 증가했습니다.

걷기 명상

왼발, 오른발, 왼발…

산책하듯 천천히 걸어보세요. 야외로 나가 자연을 감상하면서 할 수 있다면 아주 바람직하고, 그러기 어려우면 회사 내에 직원들이 잘 다니지 않는 복도를 찾아내도록 하세요.

핸드폰 타이머로 자신이 원하는 만큼의 시간을 설정해두세요.
이제 걷도록 하세요. 천천히.
이 명상에서는 두 발이 당신의 의지처가 되게 하세요.
두 발이 지면을 딛는 감촉을 느껴보세요.
마음이 딴 데로 샐 때면, 지면을 딛는 두 발의 느낌으로 되돌아오세요.
길 끝에 이르렀을 때는 돌아서서 다시 같은 과정을 밟도록 하세요.

왼발, 오른발, 왼발…

의지가 되는 도구와 장비

우리는 명상하는 데 특별한 어떤 장비나 도구도 사용하지 않습니다. 하지만 만일 그런 것들이 당신이 매일 명상하는 데 도움이 된다면, 그것들을 쓰는 걸 충분히 고려해볼 만합니다. 우리는 명상에 '엄숙함'을 부여할 생각이 전혀 없습니다. 불편함과 괴로움이 당신을 더 나은 명상가로 만들어주는 게 절대 아니거든요. 우리는 당신을 방석에 앉게 하고 내일 다시 그 자리로 돌아오고 싶어 하게 만들어주는 모든 것들을 고려해볼 가치가 있다고 생각합니다.

쿠션과 함께

만일 책상다리를 하고 앉을 수 없다면, 부담을 주는 그런 자세를 취하지는 마세요. 굳이 바닥에 앉을 필요가 없으니 그저 편한 데 앉으세요. 의자, 소파, 베개는 앉는 데 따르는 고통을 덜어주는 데 도움이 될 수 있습니다. 마음이 딴 데로 새거나 졸음이 올 만큼 지나치게 편안한 것만 아니라면 어떤 것이든 다 좋아요. 힌두교 성자처럼 가부좌를 하고 앉을 필요는 없죠. 장차 명상의 대가나 전문 수행자가 된다면 남극대륙의 뾰족한 빙산 위에 앉아서 명상하는 걸 말리지는 않을게요.

쿠션은 명상하는 데 정말로 도움이 됩니다. 그러니 만일 쿠션을 사용할 작정이라면, 명상하는 동안 무릎 통증, 고관절이 부러질 것처럼 아픈 증세, 누가 정글도로 허리를 찌르기라도 하는 것 같은 고통과 같이 주의를 산만하게 할 요소들을 줄이기 위해 적절한 자세를 취하도록 도와주는 쿠션을 구하는 것이 좋습니다. 푹신한 쿠션은 몸에 아주 편해서 얼핏 환영할 만한 것으로 여겨질 수도 있겠지만 알고 나면 피하고 싶어질 겁니다. 그런 것은 밤에 식구들과 함께 영화를 볼 때나 써주세요.

자기에게 딱 맞는 쿠션을 찾아냈다는 것을 어떻게 알죠?

내 몸에 맞는 쿠션 테스트

너무 낮으면: 몸이 구부정해지고 무릎이 저리고 등이 당기고 고개가 끄덕일 것이며, 아마 졸음이 올 겁니다(통증 때문에 깨어 있지 않는 한 그럴 거예요).

너무 높으면: 등이 구부러지면서 아프고, 발목과 엉덩이의 통증 때문에 눈물이 나올 거예요.

적당하면: 무릎이 엉덩이 바로 아래에서 균형을 이루면서 등이 꼿꼿하게 서서 상체를 잘 지탱해주는 것 같은 느낌이 들 것이고, 정신이 환하게 밝아질 거예요.

여기 좀 앉아봐!

메밀 방석 방석 위에서 명상 하기 좋아하는 사람들에게 잘 맞습니다. 앉기 편하고, 착용감이 좋은 운동복 바지처럼 당신의 엉덩이에 딱 들어맞습니다.

추천: 키 작은 사람들과 고관절이 열린 요가 수행자

케이폭 방석 만일 당신이 동전도 튕겨나가게 할 수 있을 만큼 단단한 매트와 시트를 좋아한다면, 이것을 추천합니다.

추천: 키 큰 사람들과 달리기를 많이 해서 엉덩이가 탄탄한 이들

깔개와 방석 공주에게 권하고 싶은 넓은 쿠션 위에 다시 작은 쿠션이 얹어져 있는 형태. 무릎과 발목을 보호해주는 스펀지가 필요한 이들을 위한 쿠션입니다.

추천: 몸의 관절들이 모조리 삐걱 대는 사람들

등받이 방석 결가부좌 자세로 앉기 위한 첫걸음! 소파처럼 편안합니다.

추천: 바닥에 그냥 앉기가 두려운 사람들

볼스터 이만큼 좋은 게없죠. 등을 받쳐주고 꼿꼿하게 해주며, 무릎을 보호해줄 수 있습니다. 다른 쿠션과 함께 사용해도 되고, 이거 하나만 사용해도 좋아요.

추천: 추가로 몸을 지탱해줄 것을 찾는 이들

무릎의자 이걸 실제로 쓰는 이들은 본 적이 없지만 만일 딱딱한 성당 의자가 그립다면 이걸 좋아할 게 분명해요.

추천: 무릎 꿇기 좋아하는 이들

명상 소품들

명상할 기분이 나게 하는 데 도움이 될 만한 일로서 제가 할 수 있는 게 있나요?

당연하죠. 자리에 앉아서 쉽사리 명상 모드로 빠져들게 해줄 온갖 종류의 소품이 있어요.

수정: 굳이 명상 소품 전문점에 가지 않아도, 인터넷 쇼핑으로도 구입할 수 있어요. 수정은 접지 역할을 상징하며, 명상하는 동안 쥐고 있으면 도움이 됩니다. 동전지갑 혹은 화장품 가방 속에 휴대하고 다닐 만한 크기면 더욱 좋겠죠?

타로 카드: 명상을 시작하는 좋은 방법의 하나는 카드를 뽑아보고 그것에 딸려 있는 책에서 적절한 해석을 읽어본 뒤 그 메시지에 대해 깊이 생각해보는 겁니다. 실제로 어떤 일이 벌어지고 있는지를 알려주는 카드의 신비한 능력에 놀랄수도 있습니다. 그럴 때의 느낌은 아주 섬뜩하죠.

에센셜 오일: 심호흡을 하면서 부교감 신경계를 활성화시켜 보세요. 반복하면서, 이번에는 명상하기 시작하기 전에 에센셜 오일(라벤더, 유향, 혹은 마음을 평화롭고 차분하게 가라앉혀 주는 다양한 오일들) 몇 방울을 양 손바닥에 떨어뜨려 비빈 뒤 그 향을 들이마셔 보세요. 혹은 촛불을 켰다가 1~2분 지나서 끈 뒤 촛불로 생긴 맑은 촛농 속에 몇 방울을 떨어뜨리고는 다시 촛불을 켜보세요.

플라워 에센스: 당신이 좋아하는 꽃의 에센스(진짜 꽃 추출물일 수도 있고, 해당 꽃이 갖고 있는 고유한 파장이나 효능을 옮겨놓은 것도 있다–옮긴이)를 마셔보세요. 흔히 장미를 보거나 냄새 맡는 것이 우리 인간을 행복하게 해주는데, 장미 에센스를 마시는 것은 그보다 더 효과가 있습니다. 몸을 활성화시켜주고, 분위기를 고조시켜주고, 좋은 에너지를 불어넣어줍니다. 고소공포증부터 월요병을 완화해주는 것까지 다양한 플라워 에센스가 있어요. 명상을 하는 데 도움이 될 만한 것 몇 방울을 마시고서 명상을 시작해보세요.

이런 것도 써봐

차 안에서나 일상 공간에서 떨어진 어떤 데서 명상을 하려고 할 때 에센스 오일의 향을 맡는 건 명상할 마음자세를 갖추고 쉽게 앉도록 도와줄 수 있습니다.

향, 허브 : 의식을 행할 때 불을 사용하는 유서 깊은 전통이 있습니다. 방 안에서 이런 것들을 태울 때 음산하고 어두운 에너지가 제거되고, 성스럽고 신비롭고 아름다운 요소가 더해집니다. 그런 것들은 또 아주 좋은 향을 내기도 합니다.

징, 종, 명상주발 : 명상을 시작할 때 징소리나 종소리는 주시의 방향을 내면으로 돌리게 하는 좋은 방법이 됩니다.

촛불 : 촛불을 켜는 것도 명상을 시작할 때 명상에 집중하게 하는 한 가지 방법이에요. 그것은 또 눈을 뜨고 명상을 하는 이들에게 주시의 초점이 되어줄 수 있습니다.

음악 : 음악은 호흡에 집중하기가 좀 어려울 경우 좋은 의지처가 되어줍니다. 빠르고 시끄러운 곡이 아니라 마음을 차분하게 가라앉혀 주는 음악을 추천해요.

타이머 : 타이머는 고르기 나름이에요. 화려하고 비싼 타이머를 사느라 많은 돈을 들일 수도 있고, 핸드폰의 타이머 기능을 사용할 수도 있어요. 혹은 타이머를 전혀 사용하지 않아도 괜찮아요. 명상은 핸드폰보다 훨씬 오래된 거니까요.

행운의 부적이나 마스코트 : 부적, 특별한 돌, 보석, 동전, 포춘 쿠키, 작은 플라스틱 공룡 인형 등도 명상에 도움이 될 수 있습니다. 이런 것들은 사적인 것들이라 자신만의 취향이 중요해요. 손에 쥐거나 당신이 설치해놓은 제단 위에 올려놓고 명상해보세요.

명상메모

조명을 좀 흐리게 해놓으면 마음 상태가 달라져서 명상 분위기 속에 젖어드는 데 도움이 된다. 하지만 너무 어둡게 하지는 말길. 그랬다간 잠에 들 수도 있으니까.

명상 보조물

포근한 담요

명상할 때 몸이 으스스해지거나 오싹해진다면 담요를 쥐고 해도 됩니다. 담요는 몸을 따뜻하게 해주고 안온하고 안전한 느낌을 안겨줄 뿐만 아니라 무릎과 발목과 손이 의지할 수 있는 것이 되어주기도 합니다.

음악

음악을 듣는 것도 도움이 될 수 있습니다. 3분 동안 음악을 듣다가 끈 뒤 3분 동안 음악 없이 앉아 있는 방법을 시험해보세요. 그러다 음악 없이 앉아 있는 시간을 점차 더 늘려가보세요.

제단

명상용 제단은 진지한 구루들만의 전유물인 것 같아 보이지만, 사실은 누구나 다 사용할 수 있습니다. 그러니 제단을 설치하는 것이 두렵고 꺼려진다고 해도, 일단 시험해보세요. 제단은 사람을 가리지 않는 것이라 누구나 다 사용해도 됩니다. 제단은 안전하고 성스러운 느낌이 드는 공간을 조성해주며, 자신의 명상을 자기만의 독특한 것으로 만드는 데 도움이 될 겁니다.

직접 만드는 명상 제단

장소 찾기: 집 안이나 밖의 한 장소, 일테면 침대 머리맡 탁자, 작은방 뒤편의 호젓한 공간, 집 밖의 침침한 연장창고 뒤편, 집 밖의 비상계단 같은 곳들을 선택할 수 있습니다. 하루에 한두 번 이용할 수 있는 곳을 고르세요. 이런 장소를 선택할 때는 일몰, 일출, 경관, 사람들의 왕래, 소음 등의 요소들을 고려해봐야 합니다. 집밖의 어느 곳을 선택하려고 할 때는 비상계단의 비둘기, 창고의 쥐 같은 것들이 방해요소가 될 수 있다는 점도 생각해봐야 합니다.

제단 꾸미기: 작은 테이블, 서가, 화장대, 구멍을 막아버렸거나 현재는 쓰지 않는 벽난로 안쪽 공간, 기도용 탁자, 아케이드 비디오 게임기 윗부분, 자동차 계기반을 비롯해서 당신이 원하는 것이면 뭐든 다 제단이 될 수 있습니다. 여기서도 역시 제단을 규정해주는 어떤 규칙은 없습니다.

제단용품 고르기: 오로지 당신이 좋아하는 것들만 고르도록 하세요. 당신을 기쁘고 행복하게 만들어주고 좋은 에너지를 제공해주는 것들만. 간혹 자신의 도전과제에 해당하는 것들, 곧 아주 싫은 사람의 사진, 어린 시절에 자기를 괴롭혔던 골목대장의 추억을 떠올려주는 물건들, 전 배우자의 연애편지 같은 것들을 선택하는 이들도 있습니다. 우리는 이런 것을 아주 진취적인 취향이라고 생각합니다.

제단엔 이런 것들이 어울리지

기념품: 나만의 뜻 깊은 것들, 혹은 좋은 추억과 행운으로 가득한 물건들.

사진: 당신이 사랑하는, 혹은 당신에게 영감을 주거나 현재 도전과제로 여겨지는 것들의 영상.

염주, 묵주, 마디 그라 구슬 목걸이.

촛불, 크리스마스 조명등, 제등: 마음을 환하게 밝혀주는 것이면 뭐든.

자연물: 나뭇잎, 각종 식물, 말린 꽃, 작은 나무, 성수, 집 뒷마당의 시내에서 떠온 물, 아끼는 돌, 치아펫chia pet, 혹은 당신이 사랑하는 그 외의 자연물들.

가네쉬(코끼리 머리를 한 풍요와 지혜의 신-옮긴이), **구루, 그 밖의 신들이나 경배 대상들의 조각상.**

코끼리나 잠자리처럼 영적인 힘을 불어넣어준다고 하는 동물의 작은 조형물들.

거울: 거울에 비치는 것은 당신의 그림자에 지나지 않는 것임을 일깨워주고, 그런 진실을 계속해서 생생하게 간직하기 위해.

잊지 마세요: 제단은 성스러운 공간입니다. 하지만 성스럽다고 해서 진지하고 엄숙하다는 걸 뜻하는 것은 아니니 자기 마음에 드는 인형이나 야간등, 자신의 인생을 변화시킨 영화의 입장권을 올려놔도 됩니다. 당신답게, 창조적으로 행동하세요. 이 경우에는 어떻게 해도 잘못할 수가 없습니다. 아무튼 당신을 지켜보는 사람은 아무도 없습니다.

굳이 몇 가지 규칙을 꼽는다면 이런 겁니다. 첫째는 제단을 청결하게 유지할 것. 당신의 제단은 당신의 내면을 반영해주는 것일 수가 있으니 늘 먼지와 쓰레기를 말끔하게 치워두도록 하세요. 자신의 영혼이 지저분하고 칙칙한 것이기를 원하지는 않을 것 아니겠어요? 둘째로, 제단용품들을 어지럽게 늘어놓지 마세요. 이것은 잡동사니를 집어넣어두는 서랍이 아니라 제단이거든요.

제단용품들을 바꾸고 싶은 마음이 들 때는 언제든 자유롭게 바꾸세요.

명상메모

물건들만 사 놓고 정작 중요한 걸 까먹지는 말길. 명상에 필요한 것들을 구입하되 실제로 명상하는 것을 잊어서는 안 된다.

눈을 뜨고 명상하기

명상용품을 마련했다면 눈을 뜨고 하는 명상을 시도해보세요.

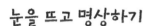

1. 책상다리를 하고
앉거나 방석 위에서 마음에
드는 자세로 앉아보세요.

2. 눈을 뜬 채 제단
위의 대상에 초점을
맞춰보세요.

**3. 앞에서 말한 대상을
의지처로 활용하세요.**

**4. 마음과 눈이
방황을 시작하면,**
의지처 쪽으로 눈을 돌려
초점을 맞추세요.

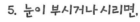

5. 눈이 부시거나 시리면,
숨을 몇 번 쉬면서 눈을
감고 뜨기를 반복하세요.

혼자가 아니야: 스승, 명상수업, 명상센터

명상하는 법을 배우기 위해 굳이 구루를 찾아서 인도로 갈 필요는 없습니다. 당신이 어디에서 살고 있든 간에(산골 오지가 아니라면), 집 근처에는 분명 명상을 지도해줄 사람, 연구회, 명상센터, 리트릿이 있을 겁니다. 중요한 것은 무엇이 내게 맞는지를 알아내는 것이죠. 어떤 이들은 동료가 필요하고, 또 다른 이들은 혼자서 하는 걸 더 좋아합니다. 일단 내게 잘 맞는 것이 뭔지 알아보도록 하세요.

도움을 받을 수 있는 방법

온라인을 통해서: 인터넷에는 각종 명상 어플리케이션은 물론, 수많은 무료 자료와 비디오가 있습니다. 구글에 '명상 가이드' '법회dharma talk' '바보들을 위한 명상' '알콜의존증 탈출법' '떠나고 싶을 때' '새로운 삶을 위한 명상'과 같은 것들을 검색해보세요.

친구 찾기: 명상 동료가 생기면 명상하기가 훨씬 더 쉬워집니다. 함께 명상하고, 함께 센터에 가고, 함께 수정에 좋은 기운을 불어넣고, 노래방 반주에 맞춰 함께 노래 부르고, 함께 여행을 가보고, 이 모든 것에 관해서 이야기를 나눌 수 있는 사람이 있으면 좋지 않겠어요? 친구들이나 가족들 중에서 아무도 이런 것에 관심이 없다면 인터넷으로 찾아보고, 페이스북을 통해서 친구 요청을 해보고, 요가 수업에 다니면서 친구가 되어줄 사람을 찾아보세요.

지도사/공동체: 주변의 명상 공동체를 조사해서 자세히 알아보세요. 마음에 드는 명상 안내자를 만날 때까지 몇 군데 공동체에 다녀보아도 좋아요.

리트릿Retreat: 명상 세계에 발을 내딛는 방법으로 가장 좋은 것은 리트릿에 가는 겁니다. 리트릿은 도심에서 조금 벗어난 곳에 있는 전문 명상센터입니다. 사는 데서 멀리 떨어진 곳에 가고 싶다면 인터넷을 통해 적당한 곳을 찾아보세요.

스승의 사랑을 받은 제자

환각제의 선구자: 람 다스 (람 다스는 환각제의 의식 해방 기능을 연구하기도 했다—옮긴이)

하버드대학 심리학 교수였던 람 다스Ram Dass는 1967년, 인도에 가서 넘 카롤리 바바Neem Karoli Baba라는 구루를 만나 완전히 다른 사람이 되었다. 다스는 《지금 여기에 존재하라Be Here Now》를 썼고, 그 책은 세상을 변화시켰다. 그 후 람 다스는 하와이 마우이섬에 있는 집에서 늘 사람들을 따뜻하게 사랑하면서 지도하고 영감을 주고 있다.

스승을 찾아서

명상을 시작하기 위해 너무 멀리까지 갈 필요는 없다. 완벽한 스승을 찾아 온 데를 다 헤매고 다니는 것은 당신의 멜로드라마를 더 풍성하게 해줄지는 몰라도 당신을 해방시키는 데는 별 도움이 되지 않는다. 명상을 시작하는 데는 사실상 어떤 스승도 다 도움이 되며, 주위에 스승이 없을 경우 당신 혼자 힘으로도 얼마든지 많은 것을 해낼 수 있다. 결국 당신의 가장 큰 스승은 바로 당신이다.

정통적인 명상법들

베다 명상: 만트라를 기반으로 한 명상법으로 하루에 20분씩 두 번 합니다. 만일 당신이 소리의 진동을 필요로 한다면 이 명상법을 시도해보세요.

선 명상: 아주 진지한 방식의 명상법인 참선은 군더더기가 없고 엄격합니다. 마음가짐이 중요하고 규칙들도 중요합니다.

위빠사나 명상: 참선과 정반대되는 명상법. 규칙들은 느슨하고 가르침은 늘 자유롭습니다. 이 방식은 마음의 청정함과 가슴의 열림에 초점을 맞추고 있습니다. 그런 걸 필요로 하지 않을 사람이 누가 있을까요?

진아 탐구 명상 I Am Meditation: 라마나 마하리시_{Ramana Maharshi (1879~1950, 현대 서구에 영성 추}구의 붐을 일으킨 인도의 성자-옮긴이)가 창시한 명상법으로 이것이야말로 DIY 명상의 원조입니다. 그 이면에 어떤 독단도 없고 그저 호흡을 통해서 참다운 자신을 깨닫게 되는 명상법이죠.

도道: 도교 명상은 우리에게 몸속의 부조화에 초점을 맞추라고 가르칩니다. 무도나 태극권에 입문한 사람들, 혹은 자기 몸과의 더 친밀한 접속을 원하는 이들에게 좋습니다.

빠르게 배우는 법

"정식 수업을 받기 전까지는 명상을 시작할 수 없어"라는 말도 안 되는 생각 속에 갇혀 있지 마세요. 지금 당장 명상을 시작할 수 있어요!

일단 앉으세요.

여러 가지 선택지가 있습니다. 어떤 형태의 정식 지도도 받지 않고 그저 자신의 호흡을 주시하는 식으로만 해서 제 힘으로 명상하는 법을 배울 수 있습니다. 원한다면 유튜브나 그 밖의 온라인 채널들을 통해서 명상 지도를 받거나 스승을 찾아서 명상을 시작할 수 있습니다.

떠나자!

당신에게 시간과 돈과 욕심이 넘친다면 리트릿만큼 좋은 게 없죠. 하지만 그 전에 먼저 약간의 연구가 필요해요.

공동연구회, 명상수업, 센터 등의 일반적인 장점은 다음과 같습니다.

- 명상에 대해 진지한 사람들, 오직 명상을 위한 프로그램과 공간
- 일상에서 잠시 떨어져 생기는 여유
- 새로운 친구를 얻을 수 있는 기회
- 자신을 새롭게 태어나게 할 수 있는 기회

내게 맞는 곳은 어디일까?

안락함의 수준: 리트릿은 최고급 숙박, 편의 시설을 갖춘 곳에서부터 기부금만 받는 소박한 곳에 이르기까지 다양합니다. 최소한의 시설만 갖춰진 곳, 야외의 간이침대에서 자야하는 곳, 치약과 칫솔과 갈아입을 속옷 외에는 어떤 것도 가져가지 못하게 하는 곳도 있습니다.

제한사항과 규칙: 어떤 곳에서는 참여자들과 함께 어울리고 친구가 되어 배운 것에 관해 이야기를 나눌 수 있고, 심지어는 와인도 마실 수 있을 거예요. 또 어떤 데서는 핸드폰과 컴퓨터를 사용할 수 없고, 책도 읽을 수 없고, 많이 먹을 수도 없고, 심지어는 대화도 할 수 없을 겁니다.

내게 맞는 곳: 현재 위기를 겪고 있는 중인가요? 아주 좋은 시절을 보내고 있나요? 균형을 잃은 상태인가요? 이런 요소들을 감안해서 언제 어디로 가는 게 좋을지 판단해보세요.

리트릿 정보

명상 워크숍 또는 법회

대체로 두 세션으로 이루어져 있고 진행 시간은 1시간에서 3시간 정도입니다. 일반적으로 그런 모임에는 대화시간과 그룹 명상이 포함되어 있고, 마지막에는 질의응답 시간이 마련되어 있습니다.

　여기서는 편안한 옷을 입어야 하고 많은 시간을 앉아서 보낼 것이기에 담요 한 장을 가져가는 게 좋아요. 신발도 역시 벗어야 하는 경우가 많으니 깨끗한 양말을 가져가세요. 물 또는 간식을 가져가야 할 수도 있어요. 맨바닥에 앉는 것을 싫어할 경우에는 간이의자, 말랑한 방석이나 쿠션 등을 가져갈 수도 있습니다. 핸드폰은 꺼두거나, 아예 가져가지 않는 것도 좋습니다.

정통 리트릿

명상 초보는 물론 거의 구루의 경지에 간 사람들을 만나는 근사한 방식이 바로 정통 리트릿에 가는 것. 고생은 조금 하겠지만, 온종일 명상을 하는 것에 재미를 붙이면 상당히 흥미롭고 즐거운 일이 될

겁니다. 밝은 기분으로 그곳에 가서 친구들을 사귀고, 즐겁게 식사하기를 권합니다. 꽤 비용을 치르고 그곳에 갔으니 모든 세션에 꼭 참석하고, 질문을 하고, 그곳의 규칙을 따르면서 잘 지내도록 하세요. 삶의 모든 게 그렇듯이 열심히 참여할수록 더 좋은 결과를 얻게 될 거예요. 특히 리트릿에서는 열심히 할수록 얻는 게 더욱더 많답니다.

혼합형 리트릿

명상에 요가, 하이킹, 달리기, 만트라, 서핑, 요리 등의 어느 하나나 여럿이 결합된 프로그램을 진행하는 리트릿. 명상에 모험과 운동이 포함되어 있고 심지어 초콜릿과 와인을 즐기는 프로그램도 있습니다. 그런 혼합형 리트릿은 거의 모든 사람을 만족시켜줄 수 있어요. 이런 리트릿은 전 세계 곳곳에 있는데 산악지대, 해안, 정글, 이탈리아의 시골 마을, 페루의 성역 등에서도 찾을 수 있습니다. 명상을 하지 않는 배우자나 친구도 잘 설득하면 함께 가기 좋은 곳이죠. 특별한 휴가로도 안성맞춤이고. 게다가 평소 서핑, 하이킹, 요가, 외발자전거 타기를 즐기지 않는다 해도 거기에서 쉽게 배울 수도 있어요. 프로그램은 대체로 강의, 명상, 질의응답에 다양한 액티비티가 결합되어 있습니다. 어른들을 위한 여름캠프라고 생각하면 돼요.

침묵 리트릿

대체로 이런 선원에서의 하루 시간은 좌식 명상, 걷기 명상, 식사 명상, 법문, 지도사와의 대담, 낮잠, 그리고 다시 명상으로 이어집니다. 가끔 지도사와의 대담 시간을 제외하고는 완전히 묵언을 해야 하죠. 책을 읽어서도, 핸드폰으로 문자를 주고받아서도, 컴퓨터 사용해서도, 과식을 해서도 안 돼요. 술, 담배와  커피는 무조건 금지입니다! 꼭 감옥처럼 보이지만, 열흘 코스의 이런 센터들 대부분은 놀랍게도 인기가 많습니다. 신청하려면 꽤 긴 대기자 명부에 이름을 올려야 해요. 이런 곳에 다녀오면 삶의 엄청난 변화를 맛볼 수 있을 거예요.

가기 전 체크리스트
등록하기 전에 알아야 할 것들:

어떤 사람들이 오나요?
참선 전문가들만 오는 곳이라면, 초보자에겐 아마 무리일 수 있습니다.

핸드폰이나 전자기기들을 갖고 가도 되나요?

어떤 전문가들이 있나요?
물리치료사? 기치료사? 점성술사? 심령술사? 샤먼?

방은 공동으로 쓰나요, 혼자 쓰나요?
도미토리 형식일 수도 있습니다.

어떤 것을 먹고 마시나요?
철저한 채식이나 자연식을 하는 곳, 좀 더 다양한 식품을 제공해주는 곳 등이 있습니다. 일반적으로 참여자들의 수련을 돕기 위한 목적으로 음식이 제공됩니다. 일반적으로 소화하기 쉬운 음식이어야 하므로 당연히 설탕, 고기, 커피, 알코올이 제외됩니다.

온천 혹은 바디워크(물리치료와 신체교정 등을 포함한 건강관련 치료-옮긴이) 실은?
미로공원이 있는가? 찜질방이 있는가?

방에 에어컨이 설치되어 있나요?
선풍기가 있는가? 야외에서 캠핑을 하는가?

여기서는 어떻게 지내야 하나요?
자유 시간이 있는가? 책을 가져가도 되는가? 와이파이가 있는가? 운동을 할 수 있는가?

잠자리 사정은 어떤가요?
크고 안락한 침대가 갖춰져 있는가? 아니면 간이침대? 텐트? 오두막?

화장실 사정은 어떤가요?
개인 화장실이 있는가? 아니면 공용인가? 옥외 화장실인가? 아니면 땅에 판 구덩이?

당신이 물어봄직한 질문

리트릿에 커피를 갖고 가면 규정을 어기는 일이 되나요?

그렇지 않습니다. 하지만 커피를 제공해주는 센터가 많고, 그게 없으면 최소한 카페인이 든 차를 준비해둔 곳도 많으니 미리 알아보세요. 당신이 선택한 센터에 그런 게 마련되어 있지 않고 당신은 커피 없이는 살 수 없는 사람이라면 인스턴트커피를 갖고 가세요.

먹을 걸 가져가도 되나요? 간식거리도요?

센터에 미리 물어보세요. 일반적으로 견과류, 말린 과일, 에너지바 같은 것들을 갖고 가는 걸 추천합니다. 설탕이 많이 들어간 가공식품들은 명상에 별 도움이 되지 않으니 추천하지 않아요.

담배를 피워도 되나요? 담배를 끊어보려고 애쓰고 있기는 합니다만, 담배를 피우지 않고서 지내는 건 자신이 없습니다.

대다수 센터에서는 흡연을 허용해주지 않을 테니 미리 알아보세요. 흡연구역이 있을 가능성은 아주 낮습니다. 금연패치나 껌을 갖고 가는 게 어떨까요.

우울증을 앓고 있습니다. 센터에 가기 전에 그곳 사람들에게 미리 그 사실을 알려줘야 하나요?

꼭! 그래야 해요. 대다수 센터에서 요구하는 서류형식에는 정신 건강 문제가 있는지 물어보는 항목이 포함되어 있습니다. 정신과 치료를 받고 있다면 센터에 가기 전에 당연히 담당의사와 상의해보는 것이 좋겠지요.

혼자 가는 게 좋을까요, 아니면 배우자나 친구와 함께 가는 게 좋을까요?

처음 리트릿에 가는 것이라면, 그곳에서의 경험을 공유할 만한 편한 친구와 함께 가는 것도 괜찮겠지요. 만약 혼자 간다면 그와는 전혀 다른 경험을 맛보게 될 겁니다. 평소라면 만나지 못했을 사람들을 만나게 될 것이고, 또 리트릿에 오지 않았다면 절대로 나타나지 않았을 자신의 새로운 모습을 드러내기도 할 겁니다. 누가 알겠어요? 당신에게 엄청난 수피 댄서의 소질이 있을지. 그런데 배우자와 함께 간다면 그런 특성을 감추겠지요. 모든 상황에는 각자 나름의 장단점이 있는 법이니 어떤 상황에서든 적지 않은 이점을 누리게 될 겁니다.

명상 일일 워크숍에 가려고 하는데 어떤 옷을 입고 가야 할까요?

타월로 몸을 감싼 채 명상을 할 수도 있고, 쓰리피스 정장을 입고 할 수도 있습니다. 어떻게 입어도 상관없으니 마음에 드는 옷을 입고 가도록 하세요.

꼭 염송을 해야 하나요?

어떤 곳에 가느냐에 달려 있습니다. 염송을 하는 시간이 포함되어 있는 리트릿이라고 해도 꼭 해야 할 필요는 없습니다. 하지만 한번 해보라고 권하고 싶군요. 염송은 노래하는 것과 같아요. 하다 보면 기분이 좋아져요.

명상 도중 그만두고 나올 수는 없나요?

아뇨. 그곳은 교도소가 아닙니다. 원하면 언제든 떠나도 됩니다.

먹는 일이 걱정이 됩니다. 저는 고기와 탄수화물을 즐겨 먹는 사람이니 배고픔에 허덕이게 되지 않을까요?

부디 그렇게 되지 않았으면 해요. 거기서는 많은 칼로리를 소모하지 않을 테니 평소처럼 허기를 느끼지는 않을 거예요. 하지만 만일의 경우를 대비해서 간식거리를 좀 싸 갖고 가세요.

수면제를 갖고 가도 되나요?

아마 갖고 가도 될 겁니다. 하지만 밤에 수면제 기운으로 곤한 잠에 떨어진다면, 본인에게 유익한 많은 것을 놓치게 될 우려가 있습니다. 꿈이나 통찰을 맛볼 기회, 맑고 청량한 아침을 맞을 기회를 말이죠. (의약품의 경우에는 항상 의사와 상의해서 사용하는 것이 좋습니다.)

리트릿에서 하루쯤 명상을 거르고 싶다면?

원한다면 그렇게 하세요. 뭐 권장할 만한 일은 아니지만, 꼭 하라고 강요할 사람은 아무도 없습니다. 하지만 당신이 그날 나타나지 않을 것이라는 사실을 누군가에게 미리 알려줘야 합니다. 그렇게 하지 않았다간 사람들이 당신을 찾아 나설 테니까요.

저는 명상과 묵언을 중심으로 하는 센터에 참으로 가고 싶습니다만, 6살 이하의 아이들 셋이 있어서 핸드폰과 떨어져 지낼 수가 없습니다.

리트릿에도 전화가 있으니 늘 핸드폰을 쥐고 있지 않아도 됩니다. 물론 아이들에게 수시로 메시지를 보내거나 전화할 수는 없고 밤에 잘 자라는 말도 할 수 없겠죠. 하지만 이런 기회를 통해서 아이들도 좀 더 강해질 거예요.

더 나은 명상수련 체험을 위한 조언

- **흐름에 맡기세요:** 가급적 빨리 리트릿 스케줄에 적응하고, 그곳의 음식과 사람들을 받아들이도록 하세요.

- **밖에 있는 이들과 지나치게 자주 연락하는 것은 삼가세요:** 지금 있는 곳에 충실할 것!

- **즐기세요:** 명상은 마음을 밝고 가볍게 하기 위한 것이지 더 무겁게 하기 위한 것이 아닙니다. 명상수련은 재미있고 즐거운 과정이 될 수 있습니다.

- **늘 긍정적인 답을 해주세요.**

- **친구를 사귀세요:** 안면이 없는 사람 곁에 앉으세요. 누가 뭔가를 가르쳐줄지, 새 절친이 될지, 리트릿에서 빡센 나날을 지내는 동안 당신을 도와줄지, 은밀히 감춰둔 초콜릿을 당신과 함께 나눌 사람인지 미리 알 수는 없는 일이잖아요?

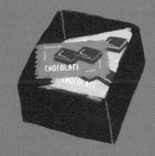

리트릿에서 지낼 때 필요한 물품 목록

- [ ] **편안한 옷들:** 운동복, 요가복, 티셔츠(가급적 편안한).

- [ ] **여러 가지 상황을 고려하세요:** 밖은 더운데 실내는 추울 수 있고 또 그 반대일 수도 있으니, 스웨터, 스카프, 외투, 티셔츠, 모직 옷, 후드 달린 옷 등을 챙기세요.

- [ ] **그곳이 명상센터라는 점을 명심하세요:** 패션쇼가 아닙니다.

- [ ] **운동화:** 혹은 그런 데서 신을 만한 편한 신발.

- [ ] **물병**

- [ ] **소음방지용 귀마개:** 코고는 사람은 어디에나 있습니다.

- [ ] **일기장과 펜**

- [ ] **약:** 진통제, 아스피린, 멀미약, 상처에 바르는 연고, 소화제, 소염제.

- [ ] **가벼운 간식거리:** 견과류, 에너지바, 비타민 C.

- [ ] **손잡이가 달린 손가방:** 생활할 때 필요한 물건을 담아 갖고 다닐 가방.

- [ ] **가벼운 담요:** 당신이 감기에 잘 걸리는 사람이라면.

- [ ] **가벼운 비옷**

- [ ] **방충제**

- [ ] **작은 플래시라이트**

- [ ] **햇볕차단제/선글라스/밀짚모자**

- [ ] **물티슈**

- [ ] **개인용품들:** 향이나 냄새가 나지 않는 것으로.

- [ ] **작은 크기의 세탁비누:** 직접 빨래할 경우를 위해.

- [ ] **책**

- [ ] **현금**

- [ ] **집에 보관하던 물건들:** 가족 사진 혹은 부적 혹은 행운의 마스코트.

비상시 연락처와 의료 정보를 기록한 작은 카드를 만들어서 지갑에 넣어 다니는 것도 좋아요.

훌륭한 명상센터를 찾아낸다면, 아주 근사한 일입니다.

훌륭한 스승을 만난다면, 그 또한 아주 근사한 일이 되겠죠.

하지만 당신의 내면이 충분히 고요해지면, 나무나 강으로부터도
훨씬 더 많은 것을 배울 수 있습니다.

DIY 리트릿

돈도 시간도 모자라다면? 그래도 리트릿 수행을 하고 싶다면? 혼자서 기획을 짜보세요.

사전에 미리 잘 기획할수록 성공 가능성이 더 높아질 겁니다. 단언하지만, 스스로 리트릿을 기획하는 일은 하루 종일 누워서 TV를 보는 것보다 훨씬 쉽다는 것을 알게 될 겁니다.

1   기간을 정하는 게 우선입니다. 그런 뒤 정말 진지하게 스케줄을 비워두세요.

2   참가 인원을 정하고, 그에 맞추어 기획하세요.

3   어떤 성격의 훈련을 하고 싶은지 정하세요. 계속 명상만 하는 것인지, 명상에 운동이나 요가를 결합한 것인지, 시종일관 묵언하면서 명상하는 것인지, 아니면 일정한 시간 동안만 묵언하는 것인지, 춤을 추면서 명상을 할 것인지, 와인과 치즈를 즐기는 휴식시간을 두거나 아니면 그런 건 일절 금하는 것인지, 사흘간 단식 기간이 포함된 것인지를 결정해야 합니다.

4   장소를 정하세요. 집이나 집 밖의 어딘가, 오두막, 텐트, 해변, 집의 지하실, 혹은 친구나 다른 가족의 집 뒤뜰?

5   명상을 하면서 먹을 음식을 결정하세요. 채식주의자 식단, 엄격한 비건 식단, 아니면 금식도 선택 가능해요. 음식을 수행 전에 직접 준비할지, 아니면 주문할 것인지도 정하세요.

6 수행의 목표를 정하세요. 얻고 싶은 게 무엇인지? 그 목적은 무엇인지? 막연하고 모호하게 정하지 않도록 하세요.

7 외부세계와 어느 정도의 상호작용을 할 것인지 정하세요. 핸드폰, 컴퓨터, 그 밖의 전자기기들을 쓸 시간을 따로 지정하거나, 아니면 모두 꺼두거나. 모두 꺼둘 작정이라면 주위 사람들에게 미리 알리거나 이메일 자동응답 설정을 해두세요.

8 큰 결정을 모두 내린 뒤에는 일정표를 짜도록 하세요.

- 기상시간을 정하세요.
- 명상하는 시간을 정하세요. 아침, 오후, 저녁에 하는 것을 권합니다.
- 온라인 강의나 인터넷 법문, 명상안내 강의, 팟캐스트 등을 참고하세요.
- 요가를 포함시키려고 한다면, 요가 수업이나 온라인 강의를 참고하세요.
- 운동을 포함시킨다면, 트레이너의 도움을 받을 수도 있습니다.
- 창작 시간을 포함해도 좋습니다. 일기 쓰기, 그림 그리기, 스케치하기, 피아노 치기, 노래하기, 콜라주 작품 만들기, 뜨개질, 도자기 만들기, 혹은 당신이 좋아하는 그 밖의 활동 시간들.
- 독서하는 시간은?
- 낮잠 시간은?
- 자기 몸 돌보는 시간이나 온천욕 시간은? 집에서 하는 거품 목욕에서 해수욕까지 다 포함될 수 있습니다.

리트릿 후유증: 이제 현실로 돌아올 때야

어떤 이들은 리트릿에 다녀온 뒤 별 탈 없이 일상생활로 곧장 복귀하는 반면, 또 어떤 이들은 엄마 모드, 직장 모드, 따분한 결혼생활 모드로 돌아오는 것을 힘들어합니다. 현실 생활은 가끔 차갑고 칙칙하게 느껴지기도 하죠. 온갖 소음이 들려오고, 모든 게 너무 바쁘게 돌아가고 사는 게 너무 버겁게 다가오는 것처럼 말이죠. 그래서 우리는 일상으로 되돌아오는 데 어려움을 겪는 이들을 위해 몇 가지 팁을 준비했어요. 일상으로 좀 더 유연하게 복귀하게 해주고 리트릿의 행복감을 그대로 유지하도록 도와줄 겁니다.

- 명상하는 걸 중단하지 말고 계속하는 것이 핵심입니다.

- 미리 계획을 잘 세워두세요. 멀리 있는 리트릿에서 돌아왔다면 충분히 숙면할 수 있게끔 일정을 짜세요. 더 좋은 건 그 이튿날 하루를 푹 쉬는 것이죠. 또, 리트릿에서 어떤 음식을 먹었느냐에 따라 이전 식생활로 돌아오는 속도를 조절하는 것도 방법입니다. 아니면 명상 식단을 유지한다면 위장에 부담을 덜 줄 수 있겠죠.

- 술은 삼가세요. 집에 도착하자마자 곧장 술집으로 달려가지는 말자구요.

- 잠을 많이 자세요.

- 따뜻하고 너그러운 마음을 유지하길. 좋은 경험을 했다고 해서, 친구에게도 억지로 권하지는 마세요.

- 행운의 부적을 가급적 오래 간직하는 걸 잊지 마세요.

123

CHAPTER 5

명상을 위한 몸 만들기

어떻게 앉아야 할까

명상할 때의 자세가 너무 불편해서 명상을 할 수 없거나 할 마음이 없는 이들이 있습니다. 하지만 그것은 제대로 명상하기 위해서는 특정한 어떤 방식으로 앉아야 한다고 주장하는 유서 깊은 전설 때문입니다. 우리는 그것이 사실이 아니라고 단언합니다. 그리고 우리는 당신이 앉는 방식이 아주 큰 도움이 되리라는 점도 아울러 이야기하려고 합니다. 삶은 하나의 역설입니다.

자세는 큰 힘을 갖고 있습니다. 굳이 고생을 사서 할 필요는 없으나, 약간의 불편함은 민활함과 에너지, 접속을 촉진시켜준다는 점에서 우리에게 큰 도움이 됩니다. 몸과 정확하게 접속하면 많은 마법이 일어납니다. 우리는 정해진 규칙을 싫어합니다만, 해보겠다는 의지를 갖고 앉는 것은 당신을 우주의 비밀과 접속하게 해줄 겁니다. 그 반면에 하릴없이 소파를 뭉개고 앉아 있어봤자 멍하고 무감각한 기분에만 빠져들 뿐이겠죠.

어깨가 구부정한가요? 귀에 닿을 정도로? 턱이 긴장되어 있나요? 두 주먹을 꽉 쥐고 있나요? 초조하게 발을 구르나요? 머리칼을 비트나요? 수시로 입술을 깨무나요? 당신은 자신이 몸으로 어떻게 하고 있는지를 얼마나 알아차리고 있나요?

자신의 몸과 동떨어져 있다면 자신의 감정과도 가까워질 수 없겠죠? 생각, 감정, 영혼과도 제대로 이어질 수 있을까요? 몸과 이어지는 건 그리 어렵지 않아요. 하지만 그러려면 의식적으로 해야만 합니다. 그렇지 못하면 마음과 몸이 따로 놀게 될 겁니다. 그걸 의식적으로 떼어놓고 싶은 사람이 어디 있겠어요?

바디 스캔 명상

몸과 좀 더 가까워집시다.

몸과 접속하는 방법 :

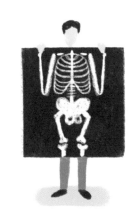

1 자리에 앉거나 가능하다면 누우세요.

2 눈을 감으세요.

3 두 손을 배 위에 올려놓으세요.

4 복식 호흡을 몇 번 하면서 바닥에 온전히 몸을 맡기세요.

5 발끝에서부터 머리 꼭대기에 이르기까지 숨을 깊이 들이쉬세요.

6 숨이 몸을 타고 내려가 발끝에 이르기까지 죽 내쉬세요.

7 왼쪽 다리의 느낌은 어떤지, 오른쪽 다리는 어떤지? 두 다리가 무거운지, 가벼운지? 긴장되어 있는지, 이완되어 있는지? 또는 불편한지? 알아차려 보세요.

8 주시의 초점을 발목으로, 발로, 발가락 하나하나로 옮겨보세요.

9 몸속을 탐험하는 잠수함을 상상하세요. 잠수함이 몸 전체를 돌아다니는 모습을 계속 주시하세요.

10 잠수함이 배, 팔, 손가락, 손, 척골의 끝, 어깨, 팔꿈치, 목, 등, 머리, 얼굴, 코를 돌아다니게 해주세요.

11 음식 생각 따위에 빠져 있는 자신을 알아차릴 때는 부드럽게 원래의 몸과 호흡에 집중을 돌리세요.

12 이런 과정을 7분 동안, 혹은 7시간 동안 계속해보세요.

13 몸의 모든 부위를 살살이 느껴보세요. 긴장된 부위, 저장된 감정, 해묵은 통증과 고통, 갓 생긴 생채기와 멍들, 잊고 있었던 기억, 미처 발견하지 못한 보물, 이어짐을 통해서 일어나는 순수한 환희 등을 느껴보세요.

다양한 명상 자세

이 자세들을 꼭 따라야만 하는 건 아닙니다. 다만 지난 5천 년 동안 사람들에게 인기 있었던 자세들을 모아놓았습니다.

유연한 자세

결가부좌: 일반적인 자세. 하지만 허리가 굳어 있는 사람들에겐 시도할 엄두가 나지 않을 꿈같은 경지죠! 하지만 수천 년간 전해온 명상 자세의 으뜸이고, 추천할 만합니다. 할 수만 있다면 결가부좌를 취하세요. 에너지와 활기가 넘치고 세상을 향해 몸이 활짝 열려 있는 느낌을 받게 될 겁니다.

반쯤 유연한 자세

반가부좌: 결가부좌보다 더 쉽습니다. 하지만 허리와 무릎이 딱딱하면 시도하기 어려운 자세입니다. 꼭 시도해보세요. 한 발을 반대쪽 넓적다리 위에 올리기 어렵다면, 종아리 위에 올려놓아도 좋아요(1/4 가부좌). 거듭 시도하다 보면 더 쉽게 성공할 수 있을 겁니다.

초보자 자세

책상다리: 좀 옛날 방식이지만 괜찮아요. 우리는 이미 유치원에서부터 이 자세를 배웠고, 결가부좌나 반가부좌는 힘들어도 바닥에 앉는 게 여전히 편한 사람들에게는 아주 추천할 만합니다.

성실한 자세

미안마식: 책상다리를 하고 앉을 때도 몸이 앞으로 기우는 것 같은 느낌이 든다면 미안마 식 자세를 시도해 보세요. 양쪽 종아리와 발을 바닥이나 쿠션 위에 붙인 채 엇갈린 두 다리가 앞으로 나오는 자세입니다.

수녀 자세

무릎 꿇기: 벤치를 사용해 무릎을 꿇어보세요. 아니면 베개나 요가 볼스터를 종아리와 엉덩이 사이에 끼워도 좋아요.

의자에 앉은 자세

의자에 앉기: 방바닥에 앉기를 싫어하는 사람도 있죠. 그래서 의자가 발명된 거 아니겠어요? 의자에서 제대로 명상하려면 두 발이 지면을 딛고 있어야 합니다. 두 발이 바닥에 닿지 않는다면 책이나 상자로 발을 받쳐줄 수 있어요. 이때 의자 등받이에 등을 기대지 않도록 상체를 등받이에서 좀 떨어뜨려서 앉으세요.

머리를 뒤집어 보는 자세

거꾸로 서기: 거꾸로 서는 방식에는 여러 가지가 있습니다. 머리를 바닥에 대고 물구나무서기, 두 손으로 땅을 짚고 물구나무서기, 요가스윙, 해먹을 이용해서 거꾸로 서기, 소파를 이용해서 거꾸로 서기, 반anti중력 신발을 이용해서 거꾸로 서기, 철봉이나 나뭇가지에 발을 걸고 거꾸로 서기 등. 어떤 방식으로든 간에 거꾸로 서는 것은 30초만 해도 대단히 좋은 효과를 얻을 수 있어요. 이 자세는 노화를 방지해주고, 관점을 바꿔주고, 기분을 좋게 해주고, 등의 통증을 덜어주고, 뇌기능을 향상시켜주고, 근심걱정과 스트레스를 줄여주고, 웃음이 나게 하고, 하지정맥류를 줄여주고, 주시하는 힘을 향상시켜줍니다.

다리를 90도로 구부린 자세

두 다리를 벽에 붙여 세우기: 바닥에 누워서 두 다리를 벽에 붙여 세워 보세요. 이 자세는 스트레스를 덜어주고, 아래쪽 등 통증을 줄여주고, 근심걱정을 덜어주고, 마음을 가라앉혀주고, 하체가 부은 증세를 완화 해줍니다.

굳건히 우뚝 선 자세

바르게 서기: 타다아사나Tadasana(요가 자세 중의 하나. 산처럼 굳건히 우뚝 선다는 뜻을 지닌 말-옮긴이). 만원 전철 안이나 길게 늘어선 줄에 서 있을 때, 혹은 두 다리로 버티고 서야 하는 어떤 곳에서든 이런 자세를 취하 면 좋습니다.

반항아 자세

고정되지 않은 자유분방한 자세: 수피춤 명상처럼 빙빙 돌고, 무당처럼 껑충껑충 뛰고, 음악에 맞춰 몸을 흔들거나 그냥 가볍게 몸을 움직여 보 세요. 이렇게 하면 영혼을 고양하고, 기쁨이 더하고, 자신만의 그루브를 찾는 데 도움이 됩니다.

숙련자를 위한 앉기

● 몸이 있는 곳에 존재하세요. 어떤 자세로 의자에 앉아 있든, 집중하고 현존하는 한 어떤 명상 못지않게 많은 것을 얻을 수 있어요.

● 소파에 앉아서도 명상을 할 수 있지만, 보릿자루처럼 푹 꺼져 앉지는 마세요. 게으름뱅이처럼 푹 눌러앉는다면, 얻을 수 있는 게 있겠어요?

● 의사의 소견에 따라 누워서 명상을 할 수밖에 없는 처지가 아닌 한, 누워서 명상하는 건 되도록 권하지 않습니다. 몸이 노곤해지거나 곯아떨어지기가 아주 쉬우니까요. 하지만 그게 꼭 당신에게 맞는다면, 그렇게 하도록 하세요.

● 자신의 머리 위에 늘어진 줄이 있는 것처럼 상상하는 것도 바른 자세를 갖는 데 도움이 됩니다. 상상 속의 줄이 팔다리와 머리를 꼭두각시처럼 잡아당기게 해보세요. 머리가 반듯하게 당겨진 뒤 줄의 도움으로 계속 그 자세를 유지하게 해보세요.

명상할 때의 얼굴

시선 처리

명상하는 동안 눈을 감는 것은 안온하고 차분한
느낌을 갖는 데 도움이 될 수 있습니다. 하지만 어떤
것에 계속 초점을 맞추고 싶을 때는 눈을 떠야 해요.
촛불 혹은 예쁜 조각상이나 인형 같은 것을
바라보면 좋으며, 어느 것을 선택해도 좋습니다.

호흡법

가능한 코로 숨을 쉬세요. 코는 공기를
걸러주고, 적당한 온도의 공기가 몸에 들어오
게 해주며, 마음을 차분하게 가라앉혀줘서
명상을 좀 더 수월하게 해줍니다.

혀가 굳어 있을 때

혀를 부드럽게 이완시켜 입천장에
닿게 하고 살며시 입술을 닫으세요.

턱이 긴장해 있을 때

명상하는 동안 턱이 긴장해 있다는 것이 느껴진다면,
주시의 초점을 턱으로 돌리고 그 긴장을 관찰해보세
요. 턱으로 숨을 불어넣어 그것을 풀어주세요.
남은 평생 동안 이런 과정을 거듭 되풀이하세요.

그대여 손을 내밀어주세요

명상할 때 손바닥을 위로 하거나 아래로 향한 채 넓적다리 위에 살며시 내려놓을 수 있습니다. 만일 두 손으로 어떤 의지를 표현하고 싶다면 어떤 한 가지 손 모양을 선택하세요. 무드라mudra는 기도나 명상을 하는 동안 자신의 의도를 전하는 방법입니다. 전통적으로 무드라 자세를 취하는 것은 특정한 에너지를 불러일으키기 위해서이고, 양 손을 그냥 허공에 떨어뜨리는 것보다 훨씬 더 효과적이라고 할 수 있어요.

당신이 좋아할 만한 무드라

디야나 Dhyana 무드라

왼손을 오른손에 올려놓고 양손 엄지 끝을 서로 맞대준다.

심약한 정신상태, 숙취, 술에 절어 지내는 이, 한계상황에 다다른 이에게 좋다.

아판 Apan 무드라

엄지 끝에 중지와 약지 끝을 맞대고 검지와 새끼손가락은 편다.

해독, 신진대사의 활성화, 영혼의 정화를 필요로 하는 이들에게, 혹은 그저 실컷 울고 싶은 이들에게 좋다.

즈나냐 Jnana 무드라

'오케이' 하듯 엄지와 검지 끝을 맞대고 다른
세 손가락은 하늘을 향하게 한다.

에너지, 영험, 내적 진동, 생명상태를
증진시키는 데 좋다.

프란 Pran 무드라

엄지 끝에 약지와 소지 끝을 맞대고 검지와
중지는 편다.

기민함, 단호함, 자신감, 활력을 증진시키는 데
좋다. 숙취를 동반하지 않으면서 술기운에
용기백배해지는 것과도 같은 효과를 보게 한다.

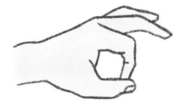

친 Chin 무드라

'오케이' 하듯 엄지 끝과 검지 끝을 맞대고 다른
세 손가락은 아래를 향하게 한다.

건망증이 심한 이, 머리가 몽롱한 이들(임산부, 술고
래)에게 좋다.

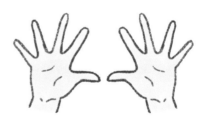

재즈 핸드 JAZZ HAND

얼굴 양 옆에서 양 손을 좍 펼쳐서 손바닥을
밖으로 향하게 한다.

한바탕 웃고 잊어버리는 데 좋다.

무드라와 함께 하는 명상

1. 한 가지 무드라를 선택하세요.
2. 두 눈을 감으세요.
3. 호흡을 주시하세요.
4. 마음이 딴 데서 헤맬 때는 손 모양이 흐트러지는 것을 알아차리도록 하세요.
5. 손 모양이 흐트러질 때는 호흡과 무드라로 다시 돌아오세요.

생생한 머무름

처음 명상을 해보는데 무릎, 등, 어깨가 아프다면, 초조해하지 말고 그 통증을 주시하도록 하세요. 이런 일은 흔히 일어납니다. 목이 부러지지 않은 한 아마 괜찮을 겁니다. 당신만 그런 게 아니랍니다. 많은 사람들이 명상하는 동안 여러 가지 불편함을 경험합니다. 그 통증을 알아차리면서 마음이 어떻게 흐르는지 주시하세요. 당신의 마음이 명상을 끝내려고 하지는 않나요? 그 마음이 당신한테서 도망치도록 가만 내버려두지 마세요.

불편함을 해결할 응급조치

- 엉덩이가 무릎보다 더 높은 데 위치해 있나요? 그렇지 않다면, 무릎을 내리세요.
- 척추가 똑바로 서 있나요? 그렇지 않다면, 허리를 반듯하게 세우고 앉으세요.
- 명상하는 데 집중하고 있나요? 그렇지 않다면, 깊이 복식호흡을 하세요.
- 잔뜩 긴장해 있나요? 그렇다면, 몸과 마음의 긴장을 풀도록 하세요.

명상하는 데 따라오는 통증들

명상할 때 앉는 자세에는 여러 가지가 있는데, 의자생활에 익숙한 이들이 그렇게 앉아 있다 보면 다양한 불편함과 통증을 겪을 수 있습니다. 그런 걸 덜어줄 수 있는 방법을 알려줄게요.

 무릎이 아플 때: 책상다리를 하고 앉을 때 양쪽 무릎 밑에 쿠션이나 요가 블록을 하나씩 대고 앉으세요.

 등이 뻐근할때: 깔고 앉는 쿠션을 벽에다 바싹 붙이고 볼스터를 쿠션과 수직방향으로 놓아서 등을 볼스터에 기댈 수 있게 하세요. 좀 더 안정된 자세를 취하고 싶으면 요가 블록이나 쿠션을 양 무릎 아래에 대세요.

 어깨가 아플 때: 담요를 둘둘 말아서 양쪽 무릎 위에 올려놓고 그 위에 양손을 내려놓으세요. 그렇게 하면 양 어깨가 주는 압력이 덜어질 겁니다.

 **발목이 아플 때:** 담요를 길게 말아서 책상다리하고 앉은 양 발목과 발밑에 괴도록 하세요.

 허리가 굳어서 아플 때: 가능하다면 미얀마식 자세로 앉은 뒤 양 넓적다리 위에 요가용 샌드백을 하나씩 올려놓으세요. 그렇게 하면 고관절이 열리면서 앉은 자세를 안정시키는 데 도움이 될 것이고, 또 언젠가는 결가부좌를 해낼 수 있는 감격을 맛볼 수 있을 거예요.

 발이 저리고 감각이 없을 때: 발을 계속 구부리도록 하세요.

이토록 뻣뻣한 몸

익숙하지 않은 명상 자세 몸에 무리를 줄 수 있어요. 그러니 명상하기 전에 스트레칭은 필수입니다.
요가도 이런 이유로 만들어진 거죠.

명상 자세 스트레칭

마음을 비우세요: 선 상태에서 머리와 상체를 아래로 기울여 보세요. 몇
분에 걸쳐 스트레스를 풀면서 온갖 잡생각이 정수리에서 떨어져 나오는 것
을 느껴보세요. 너무 힘들다면 상체를 숙일 때 양손으로 의자 등받이를 잡은
채 자세를 유지해도 좋아요.

고관절을 열면서 '옴'이라고 해보세요: 고관절을 열고 엉덩이 근육을
풀어주기 위해 의자 등받이를 양손으로 잡고 한쪽 발목을 다른 쪽 다리의 무
릎 위에 올려놓은 뒤(4자 모양 만들기), 몸을 뒤로 빼면서 보이지 않는 허공의
의자에 앉아보세요.

앉아서 앞으로 구부리기: 바닥에 앉아 두 다리를 모아서 앞으로 쭉 펴세
요. 허리와 상체를 숙이면서 두 손이 발가락, 혹은 종아리, 혹은 무릎에 닿을
정도로 두 팔을 부드럽게 쭉 펴세요.

발바닥 붙이고 앞으로 구부리기: 바닥에 앉아 양 무릎을 구부리고 양
발바닥을 붙여서 두 다리로 다이아몬드 모양을 만들어보세요. 두 발을 몸 쪽
으로 최대한 바짝 붙이거나 다이아몬드를 그대로 유지해도 좋아요. 그런 뒤
상체를 앞으로 숙여 몇 분 동안 자세를 유지한 채 허리와 엉덩이에 깊은 숨
을 불어넣으세요.

부드러운 프레첼: 책상다리로 편안하게 앉아 상체를 오른쪽으로 틀면서
오른손을 등 뒤 바닥에 대고 왼손은 오른쪽 무릎 위에 얹으세요. 그 자세로 몇
차례 호흡을 하는데, 한번 호흡할 때마다 몸을 더 깊숙이 틀도록 하세요. 그런
뒤 왼쪽으로도 같은 과정을 반복하세요. 책상다리 자세 대신 한쪽 다리를 길
게 뻗고 다른 쪽 다리를 그 너머로 넘겨짚은 자세로 해도 좋습니다.

안절부절 못하는 나, 정상인가요?

가만히 앉아 있을 수가 없나요? 영화나 보러 갈까? TV를 볼까? 아이들의 운동경기를 보러갈까? 교회에나 갈까? 즐겁지가 않아서 고요히 앉아 있을 수가 없다는 뜻인가요? 자신에게 기회를 주세요. 처음에는 앉아서 아무 일도 하지 않고 그저 호흡이나 만트라에만 초점을 맞추기가 어렵습니다. 그것은 새롭고 어색한 일이며, 그럴싸해 보이기는 하지만 아무 일도 하지 않는 것 같은 느낌을 받을 수도 있습니다. 그것은 어색함과 불편함, 외적인 즐거움의 결여상태와 더불어 앉는 법을 배우는 훈련입니다. 바로 거기가 명상의 마법이 시작되는 지점입니다

고요히 앉아있도록 도와주는 몇 가지 힌트

- 좀 더 따듯하고 안온한 느낌이 들게끔 온열패드나 전기담요를 사용해보세요.

- 친구나 배우자와 함께 앉아보세요.

- 집에서 키우는 고양이나 개, 또는 아기를 무릎 위에 올려놓아보세요.

- 욕조, 열탕, 거품탕 안에서 명상해보세요.

- 마스크팩을 붙이고 15분 동안 앉아 있어보세요.

명상메모

고요히 앉아 있기 힘든 상태를 넘어서도록 도와주는 가장 좋은 방편은 명상에 움직임을 추가하는 것이다. 수키는 태극권을 좋아하는데, 태극권의 내적인 고요함에 쉽게 젖어들 수 있기 때문이다. 하지만 그런 모든 고요함은 움직임에서 온다. 기공氣功도 아주 좋다. 그저 그 흐름을 타고 가보길.

얼음땡 놀이

정식 명상 수행에서는 완벽하게 고요한 상태로 앉아 있는 것을 으뜸으로 치곤 합니다. 이런 데 관심이 있다면 꼭 한번 도전해봐도 좋겠지만, 그렇지 않다면 몸을 조금 움직여도 상관이 없어요. 물론 자리에서 일어나 다른 데로 가거나 엉덩이 위치를 계속 바꾸거나 꼰 다리를 자꾸 풀거나 간지러운 데를 계속 긁는다면, 어쩌면 '원숭이 몸'이 되어버린 걸지도 몰라요! 이럴 때는 자리에서 일어나 춤을 추거나 원숭이를 떨쳐내버린 뒤에 제 자리로 돌아와서 명상하기를 권합니다.

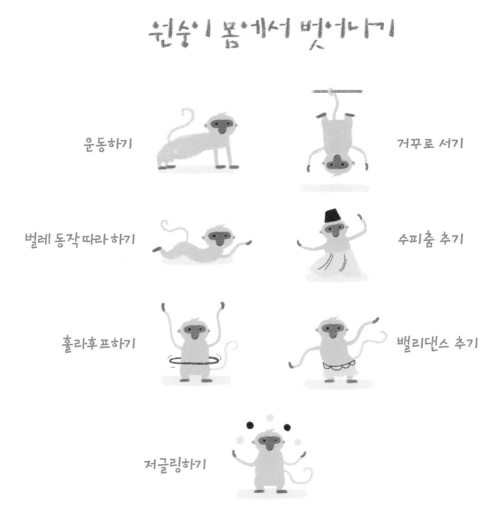

원숭이 몸에서 벗어나기

운동하기

거꾸로 서기

벌레 동작 따라 하기

수피춤 추기

훌라후프하기

밸리댄스 추기

저글링하기

당신이 물어봄직한 질문

아픔이여, 사라져라

통증이 진짜 통증인지, 아니면 명상에 대한 거부감에서 나온 것인지를 어떻게 알죠?

단언하지만, 진짜 통증이라면 본인이 더 잘 알 겁니다. 하지만! 만일 스스로 진짜인지 아닌지 의문이 생긴다면, 그건 진짜 통증이 아닙니다.

명상은 두통, 심장통, 숙취, 꽃가루 알레르기, 탈장, 치질, 자가면역 갑상선염(하시모토병), 혈우병, 안면홍조증 등과 같은 온갖 통증에 효과가 있습니다. 실제로 명상이 약이나 진통제보다 더 효과적임을 보여주는 연구 결과들이 있습니다.

진통제 역할을 하는 명상

1. 가급적 편안하게 앉으세요.

2. 눈을 감고 통증이 이는 문제의 부위를 주시하세요.

3. 숨을 들이쉬면서 문제의 부위를 당신의 날숨으로 가득 채우세요.

4. 통증의 감각을 붙잡고 있다가 놓아버리세요.

5. 할 수 있는 한껏 숨을 내쉬면서 날숨과 함께 통증을 내보내세요.

6. 통증이 일어나는 상황에서조차도 통증의 감각이 심해지거나 약해질 수 있다는 점을 알아차리도록 하세요. 하지만 실제로는 가급적 그 통증 밖에 머무르면서 그것을 주시하세요. 그것을 통증이라고 생각하지 말고 그냥 그것과 함께 머무르세요.

명상이 기운을 돋워주는 게 아니라 오히려 더 피곤하게 만드는 것 같습니다.

명상은 각성제가 아닙니다. 가끔 명상을 통해서 기운이 살아나는 것 같지만 어떤 때는 졸음을 불러

오기도 할 거예요. 피로한 상태가 정말로 문제가 된다면, 스스로에게 몇 가지 질문을 하면서 점검을

해보는 게 좋아요.

- 실내가 너무 덥지는 않은가?
- 탈수상태에 빠진 건 아닌가?
- 과도한 스트레스를 받고 있지는 않은가?
- 근심걱정에 싸여 있지는 않는가? 우울하지는 않은가?
- 일상생활을 하는 과정에서 정서가 메말라버린 것은 아닌가?
- 내 자세는 어떠한가? 누워서 명상하는 것은 좋은 생각이 아닐 거예요.
- 시간이 새벽 3시인가?
- 시차에 적응하는 중인가?
- 약 기운 때문인가?
- 운동을 너무 많이 하거나 너무 심하게 하는 건 아닌가?
- 그냥 잠이 부족해서 그런 건 아닌가?

졸면 안돼: 깬 상태에서 명상하기

사자 호흡

코로 숨을 들이쉬고, '하' 소리와 함께 입으로 숨을 강하게 토해
내세요. 입을 크게 벌리고 혀를 내밀어 그 끝이 아래로 향하게 하
면서 숨을 토해내세요. 다만 직장에서나 버스 안에서, 사람 많은
엘리베이터 안에서는 추천하지 않아요.

명상을 위한 음식

빈속일 때 명상하는 게 좋을까요, 아니면 식후에 하는 게 좋을까요?

명상하기 전에 잔뜩 먹으면, 음식을 소화시키느라 바빠서 몹시 졸릴 거예요. 명상하는 20분 안에 굶어 죽을 일은 없잖아요? 그러니까 식사는 조금 미루고 물 한 잔 마시는 게 어떤가요?

건강을 보살펴주는 명상

아플 때도 명상을 해야 하나요?

맞아요! 기분이 울적하다든가, 미열이 있다든가, 약간의 숙취가 있다 해도 명상을 하세요. 좋은 친구에게 보이는 따뜻하고 친절한 마음을 가지고 당신을 아프게 하는 원인을 알아차리도록 하세요. 그렇게 알아차리고 주시하는 것이 건강이 되찾는 훌륭한 방법입니다.

무슨 일이 일어날까?

밤에 명상하기를 좋아하는데, 그때 술을 두어 잔 마시고 해도 괜찮을까요?

한번 시도해보고, 어떤 기분이 드는지 알아보세요. 음주에 전혀 개의치 않은 사람들이 있는 반면, 신성모독이라고 생각하는 사람들도 있습니다. 하지만 그렇게 해도 아무 문제가 없다면 괜찮다고 생각해요.

차크라; 나의 리듬 되찾기

차크라는 척주를 따라 자리 잡고 있는 에너지의 물레바퀴들입니다. 7개의 차크라는 각각 고유한 위치에서 고유한 목적을 갖고 있으며, 아주 오묘한 힘을 발휘합니다. 그런데 차크라는 쉽게 막힐 수 있으며, 그리하여 우리 몸의 이상을 알려줍니다. 몸은 거짓말을 하지 않아요.

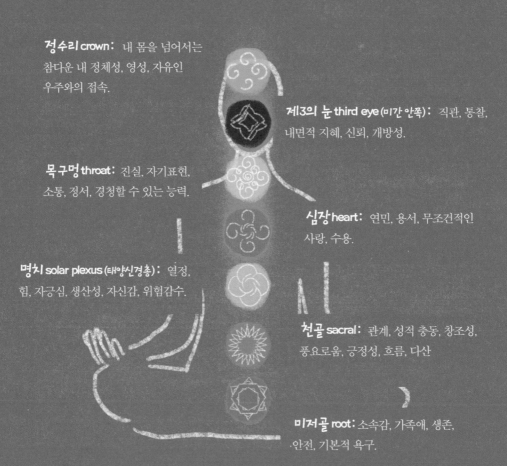

정수리 crown: 내 몸을 넘어서는 참다운 내 정체성, 영성, 자유인 우주와의 접속.

제3의 눈 third eye (미간 안쪽): 직관, 통찰, 내면적 지혜, 신뢰, 개방성.

목구멍 throat: 진실, 자기표현, 소통, 정서, 경청할 수 있는 능력.

심장 heart: 연민, 용서, 무조건적인 사랑, 수용.

명치 solar plexus (태양신경총): 열정, 힘, 자긍심, 생산성, 자신감, 위험감수.

천골 sacral: 관계, 성적 충동, 창조성, 풍요로움, 긍정성, 흐름, 다산

미저골 root: 소속감, 가족애, 생존, 안전, 기본적 욕구.

차크라 명상

차크라 명상을 하는 두 가지 방식 중에서 하나를 선택해서 할 수 있습니다. 하나는 먼저 집 안을 깨끗이 청소한 뒤 각 차크라들을 하나하나 따라가면서 전체적인 명상을 하는 것이고, 또 하나는 마음에 가장 끌리는 차크라 하나에 초점을 맞추는 것인데, 그것은 아마도 그 차크라가 효과적으로 작동할 필요가 있어서일 겁니다.

1. 편안하게 앉으세요.

2. 눈을 감으세요.

3. 척주 아래의 미저골 차크라에서 명상을 시작합니다. 붉은색을 떠올리고, 마음속에서 '람Lam'이라는 말을 반복하세요. 다음 차크라로 넘어갈 준비가 되었다는 느낌이 들 때까지 붉은색과 그 소리를 계속 잡고 있도록 하세요.

4. 주시의 초점을 배꼽 아래의 천골 차크라로 옮기세요. 오렌지색을 떠올리면서 마음속에서 '밤Vam'이라는 말을 반복하세요. 다음 차크라로 넘어갈 준비가 되었다는 느낌이 들 때까지 오렌지색과 그 소리를 계속 잡고 있도록 합니다.

5. 주시의 초점을 배꼽 위에 있는 명치 차크라로 옮겨주세요. 노란색을 떠올리면서 마음속에서 '람Ram'이라는 말을 반복하세요. 다음 차크라로 넘어갈 준비가 되었다는 느낌이 들 때까지 그 색깔과 소리를 계속 잡고 있도록 하세요.

6. 주시의 초점을 가슴의 심장 차크라로 옮기세요. 녹색을 떠올리면서 마음속에서 '얌Yam'이라는 말을 반복하세요. 다음 차크라로 넘어갈 준비가 되었다는 느낌이 들 때까지 그 색깔과 소리를 계속 잡고 있도록 하세요.

7. 주시의 초점을 목에 있는 목구멍 차크라로 옮기세요. 청록색을 떠올리면서 마음속에서 '함Ham'이라는 말을 반복하세요. 다음 차크라로 넘어갈 준비가 되었다는 느낌이 들 때까지 그 색깔과 소리를 계속 잡고 있도록 하세요.

8. 주시의 초점을 양 눈썹의 정중앙에 있는 제3의 눈 차크라로 옮기세요. 남색(쪽빛)을 떠올리면서 마음속에서 '샴Sham'이라는 말을 반복하세요. 다음 차크라로 넘어갈 준비가 되었다는 느낌이 들 때까지 그 색깔과 소리를 계속 잡고 있도록 하세요.

9. 주시의 초점을 머리 꼭대기에 있는 정수리 차크라로 옮기세요. 보라색을 떠올리면서 마음속에서 '옴Aum'이라는 말을 반복하세요. 이제까지 더듬어 올라왔던 명상의 과정을 거꾸로 따라 내려가 미저골 차크라까지 되돌아갈 준비가 될 때까지 그 색깔과 소리를 계속 잡고 있도록 하세요. 이렇게 미저골에서부터 죽 따라 올라갔다가 정수리에서 다시 아래로 내려가는 식으로 명상을 하는 것은 각각의 차크라가 다른 것을 기반으로 하기 때문입니다.

차크라 열기

각 차크라는 자체의 고유한 에너지와 힘을 갖고 있기에 고통의 원인이 무엇이냐에 따라서 특정한 차크라에 초점을 맞추는 것을 선택할 수 있습니다.

미저골	결핍감, 불안정, 나는 불행하다는 느낌.
천골	불감증, 죄책감, 자기혐오, 전반적인 나쁜 에너지.
명치	우울함, 흐리멍덩함, 두려움, 자기도취.
심장	동반의존codependency, 기능장애, 중독, 소극적이고 부정적인 마음가짐.
목구멍	수줍음, 소통장애, 부정, 수동성, 거짓말 일삼기, 관계 결여.
제3의 눈	의심, 질투, 신뢰 장애, 냉소주의, 편집증.
정수리	이기주의, 자기중심주의, 거만함.

명상메모

차크라 명상은 대단한 치유력을 갖고 있다. 이것은 수키가 명상을 시작한 동기이기도 하다. 그녀는 명상 초보였을 때 십대에 경험했던 성적 트라우마에서 회복되고 있는 중이었다. 십대 때 그녀는 가수였지만, 밝힐 수 없는 트라우마 때문에 가수 활동을 그만뒀다. 그러면서 목소리도 잃어버렸다. 수키는 목소리를 되찾기 위해 목구멍 차크라 명상을 엄청 많이 했을 뿐만 아니라 그 치료를 완결하기 위해 천골 명상도 함께 해야 했다. 그렇게 해서 목소리를 되찾은 뒤 그녀의 삶은 완전히 변했다.

백 살짜리 햇병아리

회전춤 Whirling Dervish (수행의 방편으로 빙빙 도는 수피 춤-옮긴이):
타오 포촌 린치 Tao Porchon-Lynch

1918년 8월 13일에 태어난 타오는 요가 강사, 저자, 사회운동가, 배우, 와인 애호가, 채식주의자, 명상인이다. 그녀는 세계 최고령 요가 강사라는 기네스북 기록을 갖고 있다. 거의 백 살에 가까운 그녀는 여전히 일주일에 6~8회의 강의를 하고 있다. 디팩 초프라 Deepak Chopra는 그녀가 《늙지 않는 몸, 영원한 마음 Ageless Body, Timeless Mind(초프라의 책 제목-옮긴이)》의 한 본보기라고 했다. 그뿐만이 아니라 그녀는 85세의 나이에 사교춤을 췄으며, 요즘은 자기보다 70살이나 어린 파트너들과 댄스 경연에 나서고 있다.

타오의 만트라는 "당신이 할 수 없는 일은 아무 것도 없다 There is nothing you cannot do"다.

"당신의 호흡은 당신의 나이가 몇인지 모릅니다. 세상에서 가장 중요한 일은 숨 쉬는 법을 배우는 일입니다. 사람들은 자기네가 그걸 안다고 생각하지만 사실은 모르고 있습니다. 요가와 명상 수련은 당신이 매 순간 생생하게 살도록, 자신의 생명력과 접속하도록 도와줍니다. 당신이 자신의 내면에서 이 에너지를 느낄 때 생생하게 살아 있음을 느끼고, 다른 이들에게도 이 에너지를 전해줄 수 있습니다."

2016년 2월 10일자 〈내셔널〉지

CHAPTER 6

마음공부:
당신 마음의 주인은 누구인가?

앉아 있는 오리sitting duck('잘 당하는 사람'이라는 뜻도 있다–옮긴이)가 되는 게 싫은 사람이 여럿 있죠. 그렇게 앉을 때 우리는 자신이 왠지 취약하고 어리석어 보이기도 하고 또 불편한 느낌을 받기도 합니다. 우리 대다수는 자기 자신과 접속하거나 고요히 앉아 있거나 내면에서 일어나고 있는 것들을 느끼는 데 아주 서투릅니다. 우리는 아주 작은 고통일지라도 그런 것을 느끼자마자 재빨리 없애버리려고 하는 데 길들여져 있습니다.

그러나 일어나고 있는 일들을 그대로 주시하는 이런 공부, 이런 과정의 상당 부분은 불편한 느낌들을 그대로 안고서 앉아 있는 것을 받아들일 수 있는 능력을 계발하는 것입니다. 당신이 마음에 들지 않는 것들을 적절히 다루고 더 나은 삶의 길을 열려고 한다면 진창 속에서도 기꺼이 앉아 있으려는 마음가짐을 가져야 합니다.

명상에 대한 마음가짐

우선 가장 중요한 것은, **명상은 생각을 그치는 것을 뜻하는 것이 아니고**, 머리가 완전히 텅 비는 데까지 이르는 것을 뜻하는 것도 아니라는 점입니다. 그렇게만 된다면야 아주 근사한 일이겠죠. 하지만 그런 일은 일어나지 않습니다. 적어도 우리가 알고 있는, 살아 있는 어떤 사람들에게도 그런 일은 일어나지 않습니다. 생각은 오고 갈 겁니다. 그리고 명상을 처음으로 시작할 무렵에는 생각들이 자주, 빨리 일어났다 사라질 겁니다. 예, 과도하게 많이 일어나죠. 우리는 그것을 저항이라고 부릅니다. 당신은 앉고 싶긴 하지만 앉지를 못합니다.

오늘 저녁에는 어떤 음식을 해먹을까나?

어째서 그 사람은 항상 일을 망치는 걸까?

전화 요금을 냈던가?

내가 왜 그랬지?

상사가 날 미워해.

또 지각이야.

성가신 마음의 수다를 보내버리는 곳들

생각의 강: 생각이 일어날 때 그것이 당신의 머리 위, 생각의 강을 따라 흘러가는 것을 주시하세요.

가던 길로 그냥 가세요: 생각을 초대받지 않는 손님처럼 제 갈 길로 가게 하세요. 단 부드럽게. 그들이 들어오지 못하게 문을 쾅 닫지 말고, 오늘 찾아와줘서 고맙긴 하지만 나는 관심이 없다고만 하세요.

거품무덤: 떠오르는 생각 하나하나가 다 거품이라고 상상해보세요. 생각의 거품이 나타날 때 그것을 꺼트리고는 그것이 사라지는 것을 주시하세요.

생각디톡스

1 자리에 앉으세요.

2 눈을 감으세요.

3 복식호흡을 세 번 깊게 하세요.

4 깊고 천천히 호흡하는 동안 매번의 들숨과 날숨을 주시하세요.

5 마음의 수다를 보내버릴 곳(앞에 쓴 내용 참조)을 선택한 뒤 생각이 일어날 때마다 주의 깊게 알아차리고 그것을 당신이 선택한 곳으로 보내버리세요.

6 이런 명상을 5분에서 15분가량 계속하세요.

마음에 생각과 감정이 일어나거든

명상을 하다보면 온갖 생각과 감정이 떠오를 텐데, 그런 것들이 꼭 행복하고 사랑스럽고 즐거운 것들만 떠오르진 않을 거예요. 하지만 얼마 동안 계속해서 명상하다 보면 그 모든 것을, 그리고 받아들이기 힘든 것들까지도 받아들이기가 훨씬 더 쉬워질 겁니다. 그런 마음가짐은 우리의 감정과 느낌들이 안겨주는 부담을 없애줍니다. 그런 것들을 안고서 그냥 앉으세요. 그것들이 당신을 물어뜯지는 않을 테니까요.

생각은 그저 생각일 뿐입니다. 누구의 마음속에도 불편하고 무섭고 음산하고 고약하고, 광포하고 서글프고 사악한 생각들이 들어오는 법이니 가만 내버려두세요. 그것들에게 무대에 오를 기회를 줄 때 그것들은 힘을 잃고 맙니다. 그것들은 그저 생각일 뿐, 당신을 소유하지는 못합니다.

지루함을 주시하라

지루함은 또 다른 형태의 저항에 불과하니 그것에 주의를 기울이세요. 그것이 어떤 것처럼 보이나요? 어떤 느낌을 안겨주나요? 어디서 오고 있나요? 당신이 자기 자신을 체험하도록 허용해주지 않는 그것은 무엇인가요? 그 두려움은 대체 어떤 것인가요?

격정을 주시하세요

만일 몹시 흥분했거나 격분한 상태라면, 곧바로 앉으세요. 그럴 때 명상은 당신의 마음을 차분히 가라앉혀줘 나중에 후회할 만한 어리석은 행동을 저지르지 않도록 해줄 겁니다. 명상은 당신의 마음상태를 바꿔줄 것이고 날선 마음을 부드럽게 해줄 겁니다.

격정에 휩싸이는 것은 당신이 자신의 생각에 의해서 납치된 것을 이르는 말이기도 합니다. 생각을 놓아준다고 해서 그 속에 빠져든다는 것을 의미하는 것은 아닙니다. 놓아주는 것은 뒤로 물러나 생각을 주시한다는 것이지 생각에 푹 빠져든다는 얘기가 아닙니다.

명상의 블루스 (좋고 나쁜 감정에 휩쓸리는 상태-옮긴이)를 경계하세요

명상하면서 좋은 경험을 했든 마음에 들지 않는 경험을 했든 간에, 어떤 경험을 반복하려고 시도한다면 결국 실망을 자초하는 일이 될 겁니다. 좋은 시간(혹은 마음에 들지 않는 시간)을 보냈을 때 당신이 할 수 있는 유일한 것은 그 경험을 그냥 놓아버리는 겁니다. 좋은 경험과 나쁜 경험을 비교하고 좋은 경험을 기대해봤자 헛일입니다. 매번 처음 하는 것처럼 하세요. 그러면 나쁜 경험을 하는 시간 같은 것은 결코 없을 것이고 그저 명상을 하는 시간만 존재할 겁니다.

해야 할 일의 목록을 경계하라

명상하면서 머릿속으로 해야 할 일의 목록을 작성하고 너무 많은 일을 해내려고 애쓰고 있다는 것을 깨닫는다면, 그런 흐름에 주의를 기울이세요. 그런 목록을 주시할 때, 그것은 시급한 문제라는 의미를 잃고 말 겁니다. 그런 것들은 여전히 늘 나타날 테지만 그리 중요한 것이 되지 않을 겁니다

성적표를 경계하라

명상의 진전 상태는 측정하기가 그리 쉽지 않습니다. 그것은 당신이 어떤 잣대로 뭔가를 재거나 자신의 몸무게가 얼마나 떨어졌는지 알아보는 것과 같지 않습니다. 당신의 집에 자기공명촬영fMRI장치가 있지 않는 한, 그것은 제대로 측정할 수 없습니다.

가끔은 그 효과를 즉각 알아차리기도 할 겁니다. 하지만 장기적으로 지속되는 이익들은 대체로, 깨달음을 얻을 때처럼, 평상시와는 전혀 다르게 반응할 때처럼, 혹은 하루아침에 대단히 인내심 강하고 천사처럼 너그러운 모습을 보이거나 놀라운 통찰을 얻는 것처럼 불시에 오지 않습니다.

우리는 좋은 것은 즉각적인 변화를 불러일으킬 것이라는 믿음에 속아왔습니다. 가령 '어떤 알약을 먹었더니 짠하고 새 사람이 되더라'는 믿음 같은 것말이죠. 유감스럽게도 명상이나 참된 어떤 것을 통해서 그런 일이 일어나지는 않습니다. 그저 매일 명상을 하세요. 당신이 해야 할 일은 그것뿐입니다. 분명히 약속하는데, 당신의 삶은 참으로 변화되고 달라질 것이며, 전보다 훨씬 더 나아질 겁니다. 그러니 명상을 하는 대가로 어떤 것을 얻을 수 있을지 고민하지 말고 그냥 앉으세요.

심술궂은 감시자가 되지 않도록 주의하라

명상하면서 생각이 일어날 때 그것을 심판하지 않고 부드럽게 주시할 수 있게끔 따뜻하고 연민어린 마음으로 대해주세요. 별로 해롭지 않은 사소한 생각을 주시할 때조차도 부정적이거나 공격적인 에너지를 가한다면, 부정적인 마음을 겹겹이 쌓아올리는 일이 됩니다. 생각이나 감정을 가만히 놓아주면서 수용하고 사랑하는 마음으로 우리 자신을 바라볼 수 있는 능력을 막아버리는 일이 되고요.

찬란함을 경계하라

'아하' 하는 순간, 독창적인 아이디어, 어려운 수학 방정식의 해답, 국제 분쟁에 대한 해법, 빼어난 착상. 이 모든 것이 그저 당신이 명상하면서 앉아 있는 동안 떠오르거나 일어날 수도 있습니다. 그런 일이 일어날 때 당신은 어떻게 하는 게 좋을지 궁금해할 수도 있을 겁니다. 그럴 때는 명상하는 것을 중단하고 펜과 종이를 잡아야 할까요? 아주 근사한 것이라면 우리는 즉각 적어두라고 권할 겁니다. 하지만 그렇지 않은 대부분의 시간에는 내면

을 주시하면서 명상을 계속하세요. 만일 순식간에 번뜩 떠오른 것이 인생을 바꿀 만큼 대단한 것이라면, 명상이 끝나는 11분 뒤에도 결코 잊어버리지 않을 겁니다.

이야기 시간

당신이 자신의 이야기를 계속하고 있다면 진실을 경험할 수 없으며, 진실을 경험하고 있다면 자신의 이야기를 계속할 수 없다.

강가지 Gangaji (미국의 영적 스승이자 저자─옮긴이)

우리 모두는 대단한 이야기꾼들이며, 캠프파이어를 둘러싸고 앉은 자리에서는 그런 게 크게 돋보이는 장점이 되겠지만 우리 머릿속에서라면 별 의미 없는 것에 불과합니다. 우리가 자신에 관해서 지어내고 또 믿고 있는 이야기들, 말을 배우고 난 이래 줄곧 우리를 길들여온 이야기들, 문자 그대로 우리 삶을 지배해온 이야기들은 사라져야 할 것들입니다. 하지만 우리는 그것들을 내버리기 전에 그것들의 정체가 뭔지 분명히 파악해야 합니다.

이야기의 소재지를 알아내는 데 도움이 되는 첫 번째 단서는 그것이 과거에 자리 잡고 있다는 것을 아는 것입니다. 현재 속에서 살고 있다면 이야기 같은 것은 존재하지 않습니다. 이야기는 옛날에 생겨나 그 후 줄곧 달라붙어 있죠. 이야기가 당신을 만들어냈습니다. 아니, 당신은 그렇게 생각하고 있죠.

이야기를 찾아내는 데 도움이 되는 두 번째 단서는 그것이 당신을 짜증나게 하고, 당신의 전화번호를 알고 있고, 당신을 성나게 하고 애먹이고 약 올린다는 걸 알아차리는 겁니다. 당신이 이런 점들을 느끼기 시작할 때는 바로 이야기가 제 할 일을 하고 있을 때이기 때문입니다.

　이야기가 어디서 살고 있는지를 발견하고 난 다음에는 무슨 수로 그것을 내버리고 계속해서 자신의 삶을 살아갈 수 있을까요? 우리는 두 가지 제안이 있습니다. 하나는 명상을 시작하는 것이고, 다른 하나는 전두엽 절제수술을 받는 겁니다.

어디서 많이 들어본 얘기 같지 않아?

사실이든 아니든 이야기는 여전히 이야기일 뿐입니다. 우리가 그것에 의미를 부여해주지 않으면 그것은 아무 의미 없는 것에 불과합니다. 우리는 늘 그런 점을 잊어버립니다. 명상은 그런 사실을 알 수 있게끔 우리를 이야기 밖으로 끌어내줍니다. 무슨 뜻인지 잘 모르겠다면, 다음에 소개하는 몇 가지 이야기와 그것이 갖고 있는 예언적인 힘을 참조하세요.

당신이 이야기를 가만 내버려두면 그것은 영원히 힘을 쓰지 못할 겁니다.

나는 적극적으로 행동할 수 있는 사람이 못돼.

나는 뼈대가 굵어.

나는 ○○ 유형이야.

남들의 비위를 잘 맞춰.

수학에는 젬병이야.

우리는 창조적인 타입이 아니야.

나는 집안에만 처박혀 있어.

혼자 있는 것보다는 누군가가 곁에 있는 게 더 좋아.

날 이해해주는 사람은 아무도 없어.

항상 집만 지키는 사람이야.

어딜 가든 비구름이 나를 따라다녀.

남들 앞에서는 말을 잘 못해.

나는 외향적인 타입이야.

나는 술에 취하지 않으면 재미없는 인간이야.

나는 엄마 노릇을 할 타입이 못돼.

여자들은 그런 일 못해.

싫어, 라는 말을 하기가 힘들어.

우리 언니는 예뻐.

나는 자기수양이 전혀 안 돼 있어.

나는 인기 있는 애야.

나는 지나쳐.

달리기를 못해.

나는 사회생활에 서툴러.

데이트를 했다 하면 늘 망쳐.

늘 외톨이야.

수줍음을 많이 타.

내게는 늘 나쁜 일만 일어나.

유달리 사고를 잘 당해.

뭐든지 배우는 게 늦어.

그 사람은 웃기는 사람이야.

나는 뭐든 내 뜻대로 하고 싶어 하는 사람이야.

영적이지 않아.

남자는 울지 않는 법이야.

나는 누구에게든 정면으로 맞서지 못해.

깊이 파고들기

이런 이야기들은 우리의 정체성이 됩니다. 하지만 우리가 중요하게 여기기 때문에 중요한 것들이 되었을 뿐이죠. 우리는 그것들에 의미를 부여해주고, 그것들과 종신계약을 맺습니다. 그런 계약을 파기할 수 있는 유일한 방법은 우선 그 이야기들을 알아차리고, 그것들이 우리 안에서 어떤 식으로 작용하는지를 파악하는 겁니다. 그러면 그것들은 슬그머니 사라지기 시작합니다. 하지만 듣기에는 간단해 보여도 그렇게 하기는 그리 쉽지 않습니다.

머릿속에서는 어떤 이야기들이 자리 잡고서 거듭 반복되고 있나요? 그것들은 대체로 아주 깊이 파묻혀 있어서 이야기들에 불과하다는 사실을 파악하기 어렵습니다. 우리는 그것들을 웬만해서는 꿈쩍도 하지 않을 거대한 산으로 만듭니다. 우리는 그것들에 대단한 무게와 성스러움을 부여해줍니다. 이런 것들은 좀처럼 파악되지 않은 채 우리 삶의 방식 속에 깊이 뿌리 박혀 있어서 정체를 알아차리기가 아주 힘듭니다.

자아 파내려가기

다음에 나올 질문들에 답하는 시간을 가져보기로 하죠. 종이에 적는 것은 괜찮으나 책에다 직접 적지는 마세요. 백지 한 장과 펜을 꺼내 정직하게 답해 보세요(답변을 다 적고 나서는 종이를 버리거나 불태워도 좋고, 벽에다 붙여놓아도 좋습니다). 이 연습의 핵심은 당신의 이야기들을 인지하고, 어떤 것이 당신의 삶을 쥐고 흔드는지를 깨닫기 위함입니다.

1단계: 자기 알아보기

1. 가족 내에서 당신은 어떤 역할을 하나요?

2. 당신의 어머니(혹은 아버지, 혹은 배우자)는 당신에 대해서 어떻게 얘기할까요?

3. 가족 내에서 당신은 어떤 존재였나요?

4. 배우자와의 관계에서 당신은 어떤 종류의 사람인가요?

5. 절친한 친구들과의 관계에서 당신은 어떤 종류의 사람인가요?

6. 첫 번째 데이트를 할 때는 자신의 어떤 점들을 드러내나요?

7. 취업면접을 볼 때는 자신의 어떤 점들을 드러내나요?

8. 비행기 안에서 만난 낯선 이에게는 자신의 어떤 점들을 드러내나요?

9. 새로 사귄 친구(조만간 아주 좋은 사이가 될 사람)에게는 자신의 어떤 점들을 드러내나요?

10. 소셜미디어에서는 자신의 어떤 점들을 드러내나요?

11. 새로 사귄 사람과 가까운 사이가 될 때 당신의 삶, 과거, 어린 시절에 관해 어떤 것들을 드러내나요?

12. 정신과 의사와 상담할 때 당신의 삶, 과거, 어린 시절에 관해 어떤 것들을 드러내나요?

13. 20년 만에 만난 친구에게 당신의 삶, 과거, 어린 시절에 관해 어떤 것들을 드러내나요?

14. 위에 언급한 사람들 중의 어느 누구에게도 일절 드러내지 않는 것들에는 어떤 것들이 있나요?

아마도 당신은 위대한 영국소설처럼 수많은 부차적 줄거리를 동반하고 있는 아주 잘 짜인 내러티브(이야기)를 갖고 있을 겁니다. 그것들은 바로 당신의 이야기가 어떤 것인가를 밝혀줄 풍부한 단서들입니다. 그래도 모르겠거든 당신과 가장 가까운 친구나 형제자매에게 물어보세요.

2단계: 내 삶의 이야기

1. 어린 시절의 이야기라서 남들에게 털어놓을 수 없었던 이야기는 어떤 것인가요?

2. 그 이야기가 당신의 대인관계에 어떤 영향을 미쳤나요?

3. 그것이 대인관계에서 당신을 어떤 식으로 조종했나요?

4. 그것이 당신을 어떤 식으로 닫아버리게 했나요?

5. 그것은 얼마마한 힘과 통제력을 갖고 있나요?

6. 그것 때문에 당신은 어떤 병에 걸렸나요? 아니면 뚱뚱해졌거나 비쩍 말랐나요? 아니면 어떤 것에 중독되었나요? 아니면 몹시 불안 초조해하나요? 아니면 우울하고 의기소침한 상태에 빠져 있나요?

7. 당신은 그 이야기 때문에 어떤 식으로 자신을 채찍질 했나요? 혹은 어떤 식의 자기 파멸의 길로 들어섰거나 자기혐오에 빠져들었거나 '나는 모자라 증후군' 속에서 살게 되었나요?

8. 어린 시절과 관련된 그 이야기를 통해서 어떤 이익을 얻었나요? 그 이야기는 당신에게 어떤 역할을 했나요?

9. 그것은 당신의 성공을 도왔나요, 혹은 그 덕에 특별한 보답을 받았나요 (어린 시절에 부모에게서 무시당했으나 그 덕에 자주적인 사람이 되어 나중에 큰 성공을 거둔 사람의 경우처럼)?

이것은 심리테스트가 아닙니다. 이런 질문들에 관해 진지하게 생각해보고 답을 하는 이유는 현재 당신을 추동하고 있는 것이 무엇인가를 확인해보기 위해서입니다. 당신의 생각, 감정, 행위는 바로 이 이야기를 바탕으로 생겨납니다. 명상은 그 이야기가 어느 대목에서 어떻게 당신에게 영향을 미치고 있는지를 알아차릴 수 있게 하기 위해 당신이 그 이야기로부터 분리되도록 도와주는 방편입니다. 그 이야기를 놓아버리려면(쫓아내려면) 우선 그것이 당신에게서 어떻게 작용하는지를 이해하는 것이 도움이 됩니다. 그러니 일단 앉으세요. 당신은 당신의 이야기보다 훨씬 더 소중한 존재입니다.

분노 조절 장애? No! 분노 조절 잘해!

당신이 이런 이야기에서 비롯된 언행으로 적지 않은 어려움을 겪고 있다면 가장 최근의 가족 모임을 되돌아보세요. 명절이나 주말에 식구들이 함께 모인 시간은 쉽지 않은 시간이 될 수 있습니다. 그런 자리에서는 비교적 온건하고 자주적인 성인들이 어린 시절의 역할로 퇴행해서 서로에게 많은 고통, 분노, 자책, 굴욕감, 낙담을 안겨줍니다.

이럴 때 해결의 실마리가 되어주는 것은, 당신을 키워줬고 당신을 가장 사랑하는 이들 때문에 분노가 폭발할 수 있으리라는 것을 아는 겁니다. 그런 상황에서 마음을 차분하게 가라앉히고 어떤 일이 일어나고 있는지를 알아차리기는 쉽지 않습니다. 하지만 우리는 바로 이런 상황에서 대단히 도움이 될 만한 몇 가지 비결을 갖고 있습니다.

1. 배우자, 형제자매, 부모, 혹은 가까운 친척 때문에 분노가 일어나고 있다는 것을 느낄 때는 이웃집 사람이나 자기 아이의 선생님이 당신한테 그와 똑같은 말을 하고 있다고 상상해보세요. 그 말이 과연 같은 힘을 갖고 있을까요? 당신은 이웃 사람이나 선생님을 미워할까요? 그 사람들을 비난할까요? 당신을 폭발하게 한 그 사람이 진짜로 사악한 사람이라서 당신을 공격했다고 생각하나요? 그 사람은 당신의 입장이나 마음을 헤아리지 못할까요? 아마 그렇지는 않을 겁니다.

2. 당신의 피가 뜨거워지기 시작한다는 것을 느낄 때, 그 방아쇠가 불러일으킨 신체적인 감각들을 제대로 알아차리도록 하세요. 그것들은 감정적인 과열점hot spot처럼 느껴집니다. 그것들을 느끼고 그것들에 숨을 불어넣어주세요. 말하지 마세요. 말하는 대신 그 작은 과열점들에 그저 숨을 불어넣기만 하세요. 그 일에 당신의 전 인생이 걸려 있기라도 한 것처럼 열심히.

3. 분노의 방아쇠가 당겨진 자신을 주시하세요. 자신의 신체적 감각, 감정적 반응, 마음속에서 작용하고 있는 자신의 이야기를 주시하세요. 상대방을 주시하세요. 그 상황을 주시하세요. 브로드웨이 쇼를 보러 가서 맨 앞 열에 앉아 있는 것처럼 그 상황을 주시하세요. 이것은 수행입니다. 이것이 바로 분노의 불꽃이 꺼져가는 지점입니다. 이것이 바로 자유입니다.

4. 더욱 사랑하세요. 당신의 식구들을, 친구들을, 당신이 속한 공동체를, 당신의 적들을, 모두 그리고 누구나 다 사랑하세요. 그들을 더욱 사랑하세요.

161

이야기에 꽂혀버릴 때

극도로 어려운 환경에서 힘들게 성장한 뒤 온갖 어려움을 극복하고 성공한 사람처럼 자기 이야기를 사랑하는 사람들이 있습니다. 한데 그것은 근사한 이야기이긴 하나 여전히 이야기에 불과합니다. 그것은 그가 그 이야기를 타인들과 공유하고 타인들에게 영감을 불어넣어줄 수 있다는 것을 뜻하지 않습니다. 그가 제대로 성장하고 성숙하려면 그 이야기를 놔버리고 지금 여기에서 살아야 합니다.

당신의 이야기를 완전히 떨쳐버리기는 거의 불가능합니다. 그것은 늘 도처에서 새나옵니다. 하지만 그것을 관찰하세요. 그것을 알아차리세요. 그것을 주시하고 당신에게 어떤 영향을 미치는가를 알아차리도록 하세요.

당신은 화내지 않는다
당신은 신경과민에 빠지지 않는다
당신은 침울하지 않다
당신은 슬프지 않다
당신은 두려워하지 않는다

당신은 단지 그런 상태들을 경험하고 있을 따름입니다. 우리는 그런 감정들이 영원한 것들이기라도 한 양 단단히 붙잡고 있습니다. 하지만 이 지상에서 영원한 것은 하나도 없습니다. 위에 나열한 감정 상태들과 매일 우리를 사로잡는 오만가지 다른 느낌들은 다 덧없는 것들입니다. 일시적인 그런 칙칙한 감정들을 머리 위를 영원히 떠나지 않는 검은 먹구름으로 만들지 않으려면, 그것들이 나타날 때 알아차리고 느껴야 하며, 그런 뒤에는 놓아줘야 합니다.

스스로를 성난 사람이라고 표현한다면, 당신은 매일 아주 심란한 상태로 많은 시간을 보내게 될 겁니다. 그것은 자기실현적 예언self-fulfilling prophecy(미국의 사회학자인 머튼이 개념화한 심리학 용어-옮긴이)입니다. 그것은 단지 이야기, 당신의 뼛속 깊이 스며든 해묵은 이야기에 불과합니다. 당신은 그저 화를 경험했을 뿐이고 그것을 당신의 개인적 특성으로 만들 이유는 전혀 없습니다. "우울해"라고 말하는 사람이 그 말을 "나는 우울한 기분을 경험하고 있어"라는 식으로 바꿀 때(그 이야기를 놓아버릴 때) 적지 않은 덕을 보게 될 겁니다. 근심걱정, 두려움, 외로움 같은 감정들의 경우에도, 평생토록 지속되어온 이야기가 되어버린 다른 모든 성가신 감정들의 경우에도 마찬가지입니다.

162

무슨 짓을 해도 몸무게를 줄일 수가 없어요. 정상체중보다 18kg이나 더 나가는데 도통 살이 빠지지 않아요. 제게는 말라깽이 이야기가 필요한 걸까요?

아뇨, 애초에 당신을 그렇게 만든 이야기를 포함해서 말라깽이 이야기건 어떤 이야기건 다 필요 없어요. 당신에게 도움이 될 만한 것으로 다음과 같은 것들이 있습니다.

- **명상** : 당신이 스스로에게 하는 이야기들을 알아차리기 위해서.
- **수용** : 책임감 있는 자세가 되고 스스로를 참으로 따듯하게 대해주세요(다른 아무도 그렇게 해주지 않을 테니까)
- **알아차림** : 그 이야기가 등장할 때 주시하세요. 머리가 냉장고로 향할 때 얼른 알아차리세요. 먹고 싶다는 갈망을 불러일으키는 것은 대체 뭘까요?
- **자기 사랑** : 당신이 그 이야기의 포로가 되는 것을 멈출 때, 당신은 스스로를 더 잘 보살피게 될 거고, 그것은 곧 그 이야기를 놓아주는 일이 됩니다.

비만 이야기와 *결별하다*

피트니스의 전설: 리처드 시몬스

리처드 시몬스Richard Simmons는 고등학교를 졸업할 무렵 몸무게가 121kg이나 나갔다. 그는 온갖 종류의 편식다이어트를 시도하다 거의 굶어 죽을 지경에까지 이른 뒤, 기존 방식을 버리고 건강식과 디스코를 통해서 자유와 삶의 즐거움을 얻었다. 그 후 그는 세계 전역에서 많은 사람들이 비만 이야기를 떨쳐버리고 총 135만kg의 살을 빼게끔 도왔다.

세 악마: 우울, 불안, 중독

우리는 생각하는 대로 살아갑니다. 하루 온종일 부정적인 생각만 하고 있을 때 우리는 우울하고, 처량하고, 불안하고, 맥없고, 불행하고, 황량하고, 울적하고, 비참하고, 음울하고, 생기 없고, 따분하고, 왜소한 인간이 되어버립니다. 영혼을 파괴하는 이런 사고방식은 만병의 근원이요, 대다수 스트레스의 진원지입니다.

문제는, 우리 뇌가 우리의 생존을 위해서 부정적인 생각들을 완강하게 고수하는 경향이 있다는 점입니다. 뇌는 우리에게 호랑이가 어디에 살고 있고 어떤 식물들이 독을 품고 있는지, 작년에 어떤 녀석이 우리를 괴롭혔는지를 환기시켜주며, 그 모든 것은 우리에게 도움이 될 수 있습니다. 불행히도, 뇌는 긍정적인 생각들의 경우에는 다르게 작동합니다. 그것은 그런 생각들을 집어내 적절히 활용한 뒤 싸구려 신발처럼 길가에 내던져버립니다. 우리가 의식적으로 그런 생각들에 주의를 기울이지 않는 한 그것들은 순식간에 사라져버리죠. 만일 우리가 그런 긍정적인 생각들을 알아차리고 품어 안는다면, 그것들은 얼마간 머무를 것이고 때로는 우리 마음 한복판에 자리 잡은 땅을 사들이기도 할 겁니다.

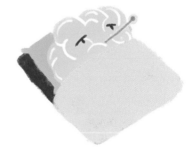

우울하고 불안한 느낌에 사로잡혀 있거나 어떤 종류의 중독(폭음, 쇼핑, 페이스북, 초콜릿 케익, 뒷담화 등)에 빠져 있을 때, 그것은 아주 힘겨운 시간일 수가 있습니다만, 이런 때야말로 명상하기에 가장 좋은 때라는 것을 알아야 합니다. 힘겨운 시기에 명상을 하는 것은 활기와 용기를 북돋워주는 좋은 방법이 되며, 만일 당신이 그렇게 한다면, 결국 자기가 애초에 생각했던 것보다 훨씬 더 강인한 사람임을 알게 될 것입니다.

이렇게 극심한 불안에 싸여 있는 순간이 안겨주는 선물은, 그 와중에도 명상을 하려는 마음을 먹을 수만 있다면 그 위기가 제아무리 힘겹고 불안감이 너무나 혹심해도 명상은 자신이 의지할 수 있는 효과적이고 실질적인 방편임을 알게 되리라는 점입니다. 명상은 진짜배기입니다. 그것은 끝없는 추락을 막아주고 당신의 삶을 변화시켜줄 겁니다.

오른쪽으로 쏠어 넘기기

연구 결과에 의하면 부정적으로 생각하는 면이 강한 사람들은 왼쪽 전전두엽 피질이 더 활발하게 작동하는 반면, 삶의 밝은 측면에 쏠려 있는 사람들은 오른쪽 전전두엽 피질이 더 활발하게 작동하는 경향이 있다고 합니다. 하지만 설령 자신이 매사에 부정적으로 반응하는 성향을 갖고 있다는 것을 깨닫는다고 해도 걱정하지 마세요. 명상을 하다 보면 오른쪽 전전두엽 부위가 더 활성화되고 잔뜩 찌푸렸던 얼굴도 활짝 펴질 테니까요. 그러니 일단 앉으세요.

꾸미고 속이는 짓은 이제 그만

요즘 당신의 형편이 별로 좋지 않은데 누군가가 당신에게, "잘 지내
세요?"라고 물으면, 당신은 진실을 있는 그대로 얘기할까요, 아니면
늘 앵무새처럼 "아주 잘 지내요"라는 식으로 대답할까요? 후자처럼
대답한다면, 스스로에게 "지금 누구한테 이런 말을 하고 있는 거지?
그 말이 진실이야?"라고 물어보세요. 지금은 자기 느낌을 부정하지
않고 그것과 제대로 만나야 할 시간입니다. 당신의 이야기를 이해하
는 일의 일부는 바로 진실을 있는 그대로 받아들이는 것입니다. 그리
고 진실의 일부는 당신이 실제로 무엇을 어떻게 느끼고 있는지를 아
는 것입니다. 그러니 짧은 시간만이라도 그런 느낌들을 제대로 알아
차리는 시간을 가져보세요.

자기 느낌 감지하기: 명상

이것은 당신이 자신의 생각에 휘둘리는 습관에서 벗어나기 위한 명상 방식입니다.

1 앉으세요.

2 복식호흡을 세 번 깊게 하세요.

3 당신의 신체적인 느낌이 어디에서 어떤 식으로 일어나는지 확인하세요.

4 당신의 몸속에서 일어나는 그 느낌을 감지하고 경험해보세요.

5 그 느낌을 주시하세요.

6 그 느낌과 연관되어 있는 것을 주시하세요.

7 우울함 혹은 불안감 혹은 괴로움, 혹은 그 세 가지 모두를 주시하세요.

8 내면의 갈망을 주시하세요.

9 느낌을 억누르고 싶어 하는 욕구를 주시하세요. 그리고 그것을 다시 주시하세요.

10 그렇게 하면 됩니다.

11 이 과정을 다시 반복하세요.

당신이 물어봄직한 질문

자연과 접해보면 어떨까?

불안감을 덜어줄만한 명상으로 어떤 것이 좋을까요?

모든 명상이 다 도움이 됩니다. 하지만 당신은 가끔 불안감 때문에 방석에서조차도 달아나고 싶은 마음이 들 거예요. 그럴 때는 벤치나 풀밭, 나무 밑, 해변, 혹은 가까운 데 있는 산에 가서 명상을 해보세요. 자연이 제 할 일을 하게 하고, 풍부하게 공급되는 산소를 당신의 호흡과 수련을 하는 데 활용하세요. 신발을 벗고 맨발로 지면을 밟는 일조차도 당신을 새롭게 쇄신시켜줄 거예요. 날이 얼마나 추운지 따위는 문제가 되지 않으니 아무튼 그렇게 해보세요. 그것은 자기 자신으로부터 벗어나는 빠르고 훌륭한 방법입니다.

얌체 같은 마음

하는 일이 순탄하게 잘 돌아갈 때는 명상하는 데 아무 문제가 없는데, 일이 꼬이기 시작하면 도무지 명상을 할 수가 없습니다.

삶이 순탄할 때는 명상하기가 훨씬 더 쉽죠. 다른 데 정신을 잘 팔지 않고, 스트레스도 덜 받고, 바람도 당신의 등 뒤에서 불고 있죠. 하지만 사는 게 고달플 때는 명상을 포함해서 모든 게 다 뜻대로 되지 않습니다. 하지만 그럴 때야말로 당신에게 명상이 가장 필요할 때입니다.

여러 해 동안 우울증으로 힘겹게 지내왔습니다만 약물치료를 받으러 가고 싶지는 않습니다. 명상하는 것이 도움이 될까요?

연구 결과에 의하면 그렇다, 입니다. 우울증 치료에 큰 도움이 될 거예요. 많은 경우, 명상은 약물치료만큼이나, 혹은 그보다 훨씬 더 도움이 됩니다. 그러니 그런 도움을 받으려면 명상을 해봐야죠.

우울한 월요일을 위한 명상

양쪽 콧구멍으로 번갈아 숨쉬기:

1 편히 앉은 뒤 오른손 엄지로 오른쪽 콧구멍을 막고 왼쪽 콧구멍으로 숨을 들이쉬세요. 그런 뒤 숨을 참으면서 오른손 검지로 왼쪽 콧구멍을 막고 오른손 엄지를 떼어낸 다음 오른쪽 콧구멍으로 숨을 내쉬세요. 오른쪽 콧구멍으로 숨을 들이쉰 다음 숨을 참으면서 왼쪽 콧구멍을 막았던 검지를 떼어내고서 숨을 내쉬세요.

2 그런 식으로 엄지 검지로 양쪽 콧구멍을 막았다 떼어냈다 하면서 양쪽 콧구멍으로 번갈아 숨을 들이쉬었다 내쉬는 과정을 계속하세요.

3 이런 식의 호흡법은 당신 뇌의 왼쪽과 오른쪽의 균형을 잡아주고, 스트레스를 줄여주고, 신경을 가라앉혀주고, 당신의 느낌을 선명하게 해줍니다.

4 다음번에도 자리에 앉아서 양쪽 콧구멍으로 일분 이상 번갈아 숨을 들이쉬었다 내쉬었다 하세요.

5 자기가 그런 과정을 제대로 했는지, 혹은 자기가 무엇을 하고 있는지에 관해서 지나치게 신경 쓰지는 마세요. 당신은 그저 호흡을 하고 있을 뿐임을 명심하세요.

벼락을 맞았을 때

지금 충격적인 상황을 겪고 있어요. 방금 전에 _____라는 진단을 받았어요. 나는 완전히 멘붕이에요. 건강 때문에 명상을 해야 할 필요가 있다는 건 알고 있는데 정신이 산란해서 명상을 할 수가 없네요.

위기를 맞아 속수무책인 느낌에 빠져 있을 때 명상하기는 정말 어려워요. 우리가 이렇게 간단하면서도 강력한 접지grounding(땅 혹은 지구와의 접지–옮긴이) 명상을 좋아하는 것은 바로 그 때문입니다. 그 명상은 효과도 좋아요.

좌절감에 빠졌을 때를 위한 명상

1 이 명상은 앉아서 해도 되고 서서 해도 됩니다.

2 우선 배로 길고 깊게 숨을 들이쉬세요.

3 입을 통해서 빨리 숨을 토해내세요.

4 다시 배로 길고 깊게 숨을 들이쉬세요.

5 입으로 빨리 숨을 토해내세요(불안감이 덜어졌다는 느낌이 들 때까지 이렇게 하다가, 어느 정도 마음이 가라앉으면 코로 숨을 내쉬기 시작하세요).

6 다시 배로 길고 깊게 숨을 들이쉬세요.

7 이제는 코로 숨을 내쉬되, 가급적 천천히 길게 내쉬도록 하세요.

8 가급적 오래 이런 과정을 반복하세요. 만일 불안감이 되돌아오면, 입을 통해서 빠르게 숨을 토해내는 처음 단계로 되돌아가세요.

자포자기 하기 없기

술을 마시면 명상의 긍정적인 효과가 사라지나요?

아뇨. 하지만 알코올 의존증이 있을 경우에는 좀 더 자주 명상하고 싶어 할 수도 있습니다(필요하다면 의사의 도움을 받도록 하세요). 그리고 어떤 것도 명상의 긍정적인 효과를 없앨 수 없습니다. 중요한 것은 명상 덕에 술 마시는 것을 중단할 수도 있다는 점입니다. 적어도 음주에서 비롯된 자기혐오감에서는 벗어날 수 있죠. 하지만 계속해서 술을 마시고 싶고 명상도 계속 하고 싶다면, 그냥 그렇게 해야 하지 않겠어요?

탐닉하는 것이 너무 많아

일 년간 금주하면서 위스키에서 즐거움을 찾는 대신 자기 위로하는 법을 여전히 배우고 있는 중입니다. 한데 가만 보면 내가 폭음을 하지 않는 대신 여러 시간 동안 페이스북을 하거나 쇼핑을 하거나 싸구려 음식을 먹어대고 있습니다. 명상이 이런 상황을 어떻게 도울 수 있을까요?

명상이 강력한 효과를 발휘하는 많은 이유들 중의 하나는 아주 불편한 느낌이 일어날 때도 다른 아무 것도 하지 않고 그저 방석에 앉는 법을 가르쳐주기 때문입니다. 우리가 폭음, TV, 페이스북, 싸구려 음식, 좋아하는 어떤 것으로 늘 찍어눌러왔던 생각과 느낌을 그대로 가지고서 방석에 앉는다는 것이, 자기 위로라는 것이 뜻하는 바가 바로 그것입니다. 명상은 일종의 훈련입니다. 명상을 자주 하면 할수록 어떤 불안감이 닥쳐와도 점점 더 편안해질 수 있습니다.

명상메모

엘리자베스는 이날 평생토록 음주를 비롯해서 많은 것을 끊었으며, 그 여정에서 명상이 큰 역할을 했다. 명상은 그녀가 불안감을 찍어 누르지 않고 있는 그대로 안고서 방석에 앉을 수 있도록 해줬기에 중독문제를 다루는 면에서 강력한 방편이 되어줬다. 명상이 안겨주는 최고의 선물은 맨 앞자리에 앉아서 자신의 삶을 주시할 수 있게 해주는 자기 알아차림이다.

만트라

만트라가 필요할까요?

만트라는 명상의 의지처가 되어주고, 호흡으로 집중이 잘 안 되거나 생각이 너무 많은 사람들에게 도움이 됩니다. 꼭 필요한 건 아니지만, 우리가 가끔 속으로 부정적인 말을 되뇌는 것보다는 만트라를 읊는 편이 훨씬 더 낫습니다.

명상메모

만트라를 갖는 것이 좋은 이유는, 일단 자기에게 맞는 것을 찾아낼 경우 스트레스가 심한 상황에 처해 있을 때 그것을 염송할 수 있기 때문이다. 그것은 당신이 그 순간에 더 많은 여백을 불어넣도록 도와줄 것이다. 그것은 자신을 괴롭히는 많은 떼거리 속에서의 외침과도 같은 것이다. 당신이 만트라를 절실히 필요로 할 때, 그 만트라와 관련된 모든 호흡과 평온함이 나타나 당신을 떠받쳐준다.

소리를 찾아서

내게 맞는 만트라는 어떻게 찾아야 할까?

인기 있는 만트라가 많이 있습니다만, 결국 모든 상황에 다 들어맞는 만트라는 없다는 것을 깨닫게 될 것이기에 당신의 마음에 깊이 다가오는 것을 찾아내도록 하세요. 그것이 꼭 붓다가 살던 시대의 언어인 팔리어로 된 것이거나 그 밖의 성스러운 경전에 나오는 어구일 필요는 없어요. 하지만 그것은 당신의 가슴에서 우러나오는 것이어야 하고 또 당신에게 호소력을 가진 것이어야 해요.

만트라	뜻	뭐에 좋은가
삿 남 Sat Nam	진리가 내 이름이다	직관과 청정함에
옴 Om	우주의 소리	하나임의 느낌에
람 Ram	신	내면의 불을 일으키는 데
옴 샨티 샨티 Om shanty shanty	옴 평화 평화	평화에
옴 나마 시바야 Om namah Shivayh	신에게 경배드린다	놓아주기에
옴 마니 반메 훔 Om mani padme om	내 안의 신에게 경배 드린다	지혜에
함사 Hamsa	내가 존재한다	에고를 산산조각 내는 데
렛 고 Let go	놓아주다	놓아주기에
러브 라이트 Love light	사랑과 광휘	온갖 장애의 극복에
러키 덕 Lucky duck	인간인 것이 행운이다	유복함에

모든 사람을 사랑하라

찬송하는 이 Chanting Man: 크리슈나 다스

크리슈나 다스Krishna Das는 그래미상을 받은 미국 가수로 힌두교 예배 음악인 키르탄kirtan을 부른다. 천사의 목소리를 가진 그는 자신의 영적인 노래들 덕에 '요가 록 스타'라는 칭호를 얻었다. 그는 자신의 하모늄(리드 오르간)을 갖고 전 세계를 여행하면서 도처에서 사람들의 마음에 깊은 울림을 주고 있다. 그는 만트라의 대가이며, 가슴에서 우러나오는 노래를 부름으로써 세상을 사랑과 환희로 가득한 곳으로 변화시킨다.

"우리는 우리의 정서와 감정이 우주에서 가장 중요한 것처럼 느끼도록 프로그램화되어 있습니다. 우리는 나에 관한 이야기 속에서 작사를 하고 곡을 쓰고 연기합니다. 그런 뒤 우리는 비평 글을 쓰고, 그런 글을 읽고, 더 울적한 상태에 빠집니다. 그럴 때 우리가 할 수 있는 일은 오직 놓아주기일 뿐이며, 그것은 훈련을 통해서 이루어집니다. 그렇게 할 때 우리가 어둠 속에서 지내는 시간은 점점 더 짧아집니다."

CHAPTER 7

명상과 나:
이 세상에서 어떤 사람으로
살고 싶은가?

그대는 행복해지고 싶은가? 지속적인 행복은 원인 없이 일어난다. 참된 행복은 원인 없이 일어난다. 그대는 나를 행복하게 해줄 수 없다. 그대는 내 행복이 아니다. 자각을 이룬 이에게 물어보라. "당신은 어째서 행복한가요?"라고. 그러면 그는 이렇게 대답할 것이다. "행복하지 않을 이유가 있나요?"

앤소니 드 멜로 Anthony De Mello

명상과 나

명상이 나를 위해 분명 뭔가를 해줄 것이라는 기대감은 내려놓으세요. 지속적인 훈련은 명상이 내 삶을 더 나은 것이 되게 해주리라는 믿음에서 우러나오는 행위입니다. 뒤로 물러나 명상이 알아서 하도록 해주면 그것은 삶이 더 나은 것이 되게 해줄 겁니다. 설령 내가 아무 것도 알지 못한다 해도 명상이 자신의 삶에 영향을 미치고 있다는 것을 이해하도록 하세요.

우리는 매일 명상을 하기 위해 앉는 이유들 중의 상당수를 훨씬 나중에 가서야 깨닫게 됩니다. 우리가 그 이유를 항상 알고 있어야 할 필요는 없습니다. 알 필요가 없다는 걸 알고 있으면서도 편안한 마음을 가질 수 있다는 것이야말로 이 훈련의 아주 중요한 부분입니다.

명상메모

우리는 앞에서 의도나 목표를 갖는 것이 명상하는 데 대단히 큰 도움이 된다고 말했던 것을 잘 알고 있으며, 그건 사실이다. 하지만 시초에 당신이 명상을 하는 이유가 뭔지 알고 있다고 해서, 다음에 어떤 일이 일어날지 그 결과에 대해 열린 마음을 갖고 있다고 해서 명상하는 데 큰 도움이 되는 건 아니다.

대다수 사람들은 큰 변화를 바라기 때문에, 뭔가를 바로 잡고 싶어서, 어떤 결과를 바라서, 명상하는 과정에서 살이 빠지기를 바라서 명상을 시작합니다. 한데 사실 명상은 우리 삶의 모든 측면에 스며듭니다. 명상은 자신감을 회복시켜주고, 자긍심의 사라진 부분들을 되찾게 해주고, 스스로에게 만족감을 느낄 수 있도록 해주는 마법적이고 신비로운 치료자입니다. 그것은 지난 5천 년 동안 세계 전역 사람들에게 꾸준히 제 역할을 해왔습니다.

그러니 스스로에게, 나는 이 세상에서 어떤 사람으로 살고 싶은지 물어보세요. 명상이 당신을 자신의 그런 부분에 이르도록 도와줄 테니까요. 당신이 실제로 명상을 한다면 말이죠. 약속드리는데, 만일 꾸준히 이 훈련을 한다면, 당신은 스스로에게 그 보상을 해줄 뿐만 아니라 온 세상 사람들에 대한 연민의 마음도 아울러 갖게 될 겁니다.

씨앗은 꽃이 어떤 모습으로 피어날지 알지 못한다

명상은 탈출구가 아닙니다. 실생활은 여전히 그 온갖 광기, 난제, 논란, 혼란, 버릇없는 자식, 낙담, 상처받은 에고, 박살난 꿈과 더불어 펼쳐지죠. 실생활은 고달픈 것이 될 수 있습니다. 명상을 한다고 해서 현실의 그런 양상이 사라지지는 않을 겁니다. 하지만 시간이 지나다 보면 이 모든 신물 나는 나날들에 대해 전과는 다른 수준의 참을성을 갖게 될 겁니다. 명상에 믿음을 갖는다는 말, 명상이 삶을 참으로 더 낫게 만들어줄 것이라는 말이 뜻하는 바는 바로 그것입니다.

사랑에 관한 메모

타는 불에 기름을 붓지 마세요

내면에서 마음에 들지 않는 것이 떠오른다고 해도 그것은 명상 탓이 아닙니다. 인간관계와 관련된 고약한 느낌이 떠오를 때는 그냥 내버려두세요. 느닷없이 자신의 삶을 몹시 혐오한다 한들 무슨 상관이 있나요? 어쩌면 당신은 그런 생각들을 할 수 있는 안전한 곳을 필요로 할지도 모릅니다. 그러니 명상을 계속하면서 그것들이 저절로 사라지도록 허용해주세요. 그럴 때의 요령은 그 생각들을 심판하거나 그것들에 기름을 붓거나 이야기를 갖다 붙이지 않는 겁니다. 그런 생각들 때문에 배우자나 짝을 비난하지 않는 것이고. 그런 생각들을 그냥 인정해주세요. 그런 다음 어떤 일이 일어나는지 지켜보세요.

당신 자신과 함께 시작하세요

명상이 파탄 난 결혼생활을 불과 두세 달 만에 회복시켜주지는 못할 거예요. 명상은 그저 진정한 문제점들에 어느 정도의 빛을 비춰줄 거예요. 당신이 스스로를 보기 전까지는 자기 삶이나 결혼생활을 제대로 볼 수 없어요. 짐 보따리 같은 기존의 생각들을 갖고 방석에 앉아서 그것들을 제대로 보고 나면, 자신이 주위 사람들과의 관계에서 어떤 문제를 불러일으키고 있는지 알 수 있게 될 거예요. 그것은 아름다운 출발점입니다.

하지만 다른 사람에게 함께 명상하자고 강요하는 식으로 해서 그 사람을 바로 잡지는 못할 것이라는 점을 명심하세요. 그러니 그런 생각은 꿈에도 하지 마세요. 배우자나 짝의 경우에는 특히 더 그래요. 사람들은 늘 변하지만, 본인들이 스스로를 변화시킬 때만 그렇게 되죠. 당신은 남을 변화시키지 못해요. 남을 저항하게 만들거나 마음 문을 닫게 하는 방법이 하나 있다면 그것은 바로 상대가 변하기를 기대하거나 요구하는 겁니다

스스로를 변화시키세요. 명상의 마법은 당신이 변할 때 주위의 모든 사람도 변한다는 점입니다. 그들이 자진해서 명상을 하거나 당신의 영향을 받아 명상할 마음을 갖게 된다면 그건 아주 근사한 일이죠. 하지만 당신이 할 일은 스스로 명상하는 것이라는 점을 잊지 마세요. 당신이 제대로 명상을 한다면, 자신의 배우자나 짝이 뭘 하든 별로 염려하지 않게 될 거예요.

행복한 사람이 행복한 관계를 낳는다

명상이 안겨주는 가장 큰 이점의 하나는 우리가 다른 사람들을, 그리고 우리가 통제할 수 없는 사건들을 우리 마음대로 지배하고 조종하고 싶은 욕망을 놓아버려야 한다는 것을 보여준다는 점입니다.

사람들은 당신이 변했다는 것을 알아볼 거고, 그러면 모두가 승리합니다. 당신의 배우자, 짝, 소중한 사람, 주변 사람들은 물론이요 심지어는 반려견까지도 당신의 명상 훈련으로 큰 덕을 볼 거예요. 왜냐하면 그 훈련을 통해서 당신은 전보다 훨씬 더 참을성 있고 적극적이고 쓸모 있고 친절하고 너그럽고 사랑스럽고 일관성 있고 따뜻한 사람이 될 테니까. 그리고 다른 이들이 그 보상을 받을 거예요. 그것은 섹스도 더 잘 할 수 있게 해준답니다.

명상메모

수키는 명상을 도구나 방편과는 정반대되는 개념인, 일종의 탈출구로 이용했던 적이 있었다. 그녀는 위기를 맞았을 때 현실세계로부터 완전히 차단된 은신처를 만들었다. 이제 그녀는 그런 짓은 전혀 효과가 없으니 하지 말라고 조언한다. 명상을 통해서 고통을 회피하려는 것은 다량의 진통제나 폭음을 통해서 그것을 회피하려는 것과 별반 다르지 않다. 그것은 또 다른 형태의 부정이다. 수키는 또 위기를 겪는 과정에서 얻을 수 있는 많은 교훈과 기회도 놓쳤다. 그러니 제아무리 힘겹고 고통스러워도 다양한 감정과 느낌들을 생생하게 느끼면서 자신의 삶 속에 존재하길.

깨어나라!

명랑 쾌활한 예수회 사제: 앤소니 드 멜로

앤소니 드 멜로Anthony De Mello는 인도 출신의 예수회 사제, 심리치료사, 명상가, 저자, 전 세계적인 명성을 지닌 영적 지도자였다. 그가 펴낸 책들은 그것들을 읽은 수백만의 독자들에게 깨어나라고 촉구하는 외침의 역할을 해왔다. 또한 그는 다른 모든 사람들도 자기처럼 삶을 사랑하기를 바랐다.

"한 환자가 의사를 찾아가서 어디가 안 좋은가를 이야기하자 의사는 말한다. '좋아요, 댁이 어떤 증상들을 겪고 있는지 알겠어요. 이럴 때 내가 어떻게 할지 잘 아시죠? 나는 댁의 이웃을 위한 약을 처방해드릴 겁니다!' 그러자 환자는 이렇게 응답한다. '대단히 감사합니다, 선생님. 그 말씀을 들으니 제 기분이 훨씬 더 나아지는군요.' 이 얘기가 괴이하게 들리는가? 하지만 우리 모두가 늘 하는 짓이 바로 그런 것이다. 늘 졸고 있는 그 사람은 다른 사람이 변한다면 자기 기분이 더 좋아질 거라고 항상 생각하고 있다. 당신은 본인이 졸고 있기 때문에 고민하고 힘들어하고 있다. 한데 당신은 이렇게 생각한다. '다른 사람들이 변한다면 삶이 얼마나 근사할까. 내 이웃이 변한다면, 내 아내가 변한다면, 내 상사가 변한다면, 사는 게 얼마나 즐거울까.'

우리는 늘 자기 기분이 좋아졌으면 해서 다른 사람들이 변하기를 바란다. 그런데 당신의 배우자가 변한다 해도 정작 자신에게 어떤 일이 일어날 것인지에 대해서 생각해본 적이 있는가? 당신은 전과 다름없이 취약한 상태로 남아 있을 것이다. 전과 다름없이 명청할 것이다. 전과 다름없이 늘 졸고 있을 것이다. 변해야 할 사람은, 그 약을 먹어야 할 사람은 바로 당신이다. 그래도 당신은 계속 우긴다. '세상이 제대로 돌아가서 내 기분이 좋은 거죠.' 아니, 천만의 말씀! 내 기분이 좋기 때문에 세상이 제대로 돌아가는 것이다. 모든 신비주의자들이 이구동성으로 하는 얘기가 바로 그런 것이다."

179

어려운 시기: 불편함과 더불어 편안해지기

모든 관계는 어려운 시기를 겪습니다. 그럴 때 그 자리에 그대로 머무르는 편이 좋을 수도 있고, 계속 가거나 바람처럼 빨리 달려가는 편이 더 좋을 수도 있습니다. 하지만 그렇게 갈등을 겪고 있을 때는 어떤 식으로든 좋은 결정을 내리기가 힘듭니다. 그게 현실이죠.

명상은 당신이 마음을 차분히 가라앉히도록 도와줄 겁니다. 그저 더 이상의 괴로움을 겪지 않으려는 마음에서 모든 걸 뒤엎고 싶은 충동을 물리치고 제자리에 가만히 머물러 있게끔 도와줄 거구요. 그럴 때 명상은 불편함에서 벗어나려는 심정에서 뭔가를 하고 싶은 욕구를 가라앉혀줄 겁니다.

물론 학대 같은 것이 없다는 전제하에서요. 그런 게 있다면 그런 관계에서 벗어나기 위해 필요한 일은 뭐든 다 해야죠. 그런 상황이 아니라면 당신이 견고한 기반 위에 설 때까지 불편함을 그대로 안고서 명상을 하세요. 영원히 헤어지지 말아야 한다는 것이 아니라 어려운 시절의 교훈을 놓치지 말라는 뜻이에요. 오로지 당신만이 뭘 해야 할지 알고 있고, 아주 차분한 자세를 유지할 때라야 내면의 가르침에 귀기울이게 될 거예요. 그러니 앉아서 내면의 흐름을 주시하세요.

이렇게 하려면 참고 또 참을 수 있는 인내심이 필요해요. 그것은 참을성에 관한 박사학위를 받는 일과도 같아요. 제자리에 머무르는 법을 제대로 배워 익히고 나면 언제 움직이는 것이 좋을지 스스로에게 물어볼 필요가 없어요. 움직임이 자연스럽게 나올 것이고, 당신은 아무 의문이나 고민 없이 움직이게 될 거예요.

사랑으로 존재하기

관계를 선택하되, 그것을 아무 흠 없는 것이 되게 하고 싶은 욕구는 버리는 것으로 시작하세요. 그런 욕구는 상대방을 밀어내버림으로써 더 큰 고통을 초래하기 때문이죠. 설령 상대가 비열하고, 수동적이고, 다투기 좋아하고, 그저 성가시기만 한 사람이라고 해도 상관없어요. 사랑으로 존재한다는 것은 상대와는 무관하며, 당신 자신과 관련된 거예요. 당신이 곧 사랑입니다.

위기를 잘 타고 넘기

멈춰 서서 스스로에게 다음과 같이 물어보라

☐ 이것은 내가 통제할 수 있는 것인가?

☐ 어떻게 하면 내가 이것을 다르게 볼 수 있을까?

☐ 여기서 실제로 어떤 일이 일어나고 있는가?

☐ 이게 사실인가?

☐ 이것은 내가 감수할 수 있는 것인가? 내가 이것을 그대로 안고서 살기를 바라는가?

☐ 이것은 내가 결별하거나 끝장낼 수 있는 것인가?

☐ 이것은 내가 손을 쓸 수 있는 것인가?

☐ 이것은 내가 도움을 얻어서 해결할 수 있는 문제인가? 그렇다고 한다면 누구한테서 도움을?

☐ 내가 아는 사람들 중에서 이런 위기를 겪었거나 이와 비슷한 어떤 일을 겪고 있는 사람이 있는가?

☐ 이런 상황에 대한 지침이 될 만한 내적인 앎이나 직관과 어떻게 접속할 수 있을까?

가장 중요한 것으로, 이번 위기를 일찍이 내게 일어났던 일들 중에서 최고의 것으로 만들 방법은 뭘까?

181

더 나은 관계를 위한 팁

다음과 같이 하는 대신에   다음과 같은 것을 선택하라

 상처받는다   아량

 괴로움 속에서
허우적거린다   용서

 정의구현   너그러움

 비난   연민

 불평불만   그냥 넘어간다(진심으로)

 사랑, 배려,
시간 내주기를
기대한다   베푼다

 반발한다   미소짓는다

원한을 품는다   다가가서 끌어안아준다

 응징한다   웃는다

 소송을 건다   장점을 본다

 안달하고 성낸다   사랑한다

 마음을 닫아버린다   마음을 연다

 꼭 이기고 싶어 한다   점수 매기기를 그친다

 상대를 밀쳐낸다   사랑하는 마음을 갖는다

 인연을 끊어버린다   다시 시작한다

1단계
나를 사랑하라

1 편안하게 앉으세요.

2 눈을 감으세요.

3 본격적인 명상에 들어가기 전에 복식호흡을 몇 번 깊게 하세요.

4 기원의 말을 자신에게 보내세요. 고전적인 기원문들은 다음과 같습니다:

안전하게 지내기를, 행복하게 지내기를,
건강하게 지내기를, 편안하게 잘 살기를

위에 있는 것 중에서 하나를 선택해도 되고, 또 자신이 직접 만들어서 써도 됩니다.

5 선택한 기원문을 거듭거듭 반복하세요.

6 내면에서 어떤 것이 나타나든 그냥 알아차리기만 할 뿐, 판단하거나 그것에 휩쓸려 들어가지 마세요.

7 이런 명상을 15분에서 20분간 하세요.

자기한테 다정하게 대해주세요

나 잘 되라고 기원하자니 너무 어색하고 억지 같아요.

처음에는 약간 그런 기분이 들 수 있어요. 한데 그래서 어쨌다는 거죠? 우리는 자기 자신을 따뜻하게 대해주는 법을 잘 모르거나 그렇게 하는 훈련이 잘 되어 있지 않아요. 자비는 시작하기에 좋은 지점이에요. 얼마간 어색한 기분이 들 테지만 계속하세요.

자기를 사랑하라니, 뭐하자는 거야

이 명상을 해봤는데, 일어나는 게 짜증과 화뿐이에요.

짜증을 주시하고 화를 주시하기만 하세요. 그것들이 신체적으로 어떤 느낌을 주나요? 정서적으로는? 그런 것들을 다정하게 대해주면서 참을성 있게 지켜보세요. 많은 이들이 자기에게 보내는 그런 선물을 받을 자격이 없는 것처럼 느껴요. 그러니 그냥 계속해보세요.

현실이 나를 물어뜯어 Reality bites (1994년에 나온 미국영화 제목이기도 하다─옮긴이)

20년간 살아온 내 배우자를 잃을 처지에 놓여 있고 우리 애들이 나한테 말도 걸지 않으려 드는 상황에서 어떻게 명상을 할 수 있겠어요? 내게는 자비보다 더 강한 것이 필요해요. 나는 모든 걸 다 잃고 있는 것 같은 느낌인데, 당신들은 내게 캔디 담배 모양 캔디를 먹으라고 주고 있어요.

당신에게는 당신 자신보다 더 강한 어떤 것도 필요하지 않아요. 명상하세요. 자기 자신에 대한 믿음과 신뢰로 시작하세요. 우리가 흔히 삶에서 지워버리려고 하는 투쟁, 고달픔, 어려움, 고통은 바로 삶을 크고 폭넓고 가치 있는 것으로 만들어주는 것들이에요. 그러니 그것들 속에 머무르세요. 그렇게 하지 않으면 삶을 잃게 될 거예요. 자비야말로 당신에게 꼭 필요한 거예요.

나는 짝들에게 딱 들어맞는 사람이 되려고 애쓸 정도로 그들에게 매달려요. 그러면 그들은 내 곁을 떠나고 나는 초죽음이 되죠. 그러고 나서 나는 다시 명상을 시작해서 자신을 치유하려고 해요. 그런 악순환을 그치게 해주세요.

그런 사이클은 당신의 짝들이 당신의 치부를 비춰주는 역할을 하고 있다는 사실을 제외하고는 아마 그들과는 무관한 것일 거예요. 그런 사이클을 반복하기를 그치고 자신을 돌아봐야 해요. 명상은 그런 패턴을 알아차리고, 자신이 그런 관계 속에서 어떤 식으로 행동하는지 깨닫도록 도와줄 거예요. 명상은 자각을 안겨줄 것이고, 그 자각은 당신이 같은 행동을 반복하는 짓을 그치게 하고 당신을 자유롭게 해줄 거예요.

당신에게 필요한 것은 오직 사랑뿐 All You Need Is Love

(비틀즈의 노래 제목이기도 하다—옮긴이)

드넓고 큰마음: 샤론 샐즈버그

샤론 샐즈버그Sharon Salzberg는 베스트셀러 저자이자 불교 명상 지도사이며, 1974년 매사추세츠주 배리에 통찰명상 협회를 공동창설하기도 했다. 하지만 우리는 그녀를 자비명상의 어머니로 생각하기를 좋아한다. 샤론은 많은 이들에게 자비명상을 통해서 행복에 이르는 아주 명쾌한 길을 제공해줬고, 붓다의 가르침을 현시대의 일반대중에게 맞게 제시함으로써 누구나 그것에 쉽게 접근할 수 있게 했다.

2단계
자기와 함께 있는 이를 사랑하라

1 편안하게 앉으세요.

2 눈을 감으세요.

3 본격적인 명상에 들어가기 전에 복식호흡을 몇 번 깊게 하세요.

4 기원의 말을 자신에게 보내세요. 고전적인 기원문들은 다음과 같습니다:

당신이 안전하게 지내기를, 당신이 행복하게 지내기를,
당신이 건강하게 지내기를, 당신이 편안하게 잘 살기를

위에 있는 것 중에서 하나를 선택해도 되고, 또 자신이 직접 만들어서 써도 됩니다.

5 선택한 기원문을 거듭거듭 반복하세요.

6 내면에서 어떤 것이 나타나든 그냥 알아차리기만 할 뿐, 판단하거나 그것에 휩쓸려 들어가지 마세요.

7 그리고 나서 자리가 잡혔다고 느껴지면 기원문을 보내고 싶은 사람을 떠올리세요. 그 사람은 멘토나 부모, 배우자, 파트너, 자녀, 친구, 형제자매가 될 수도 있고 그 외에 그 어떤 사람도 다 될 수 있어요. 그 사람의 이미지를 마음속에 떠올리고 위의 명상을 반복하세요. 단, 이번에는 당신 자신이 아니라 당신이 떠올린 사람과 더불어 명상하는 거예요. 명상의 대상이 꼭 사람으로 국한되지는 않아요. 기원의 말을 동물들, 또는 지구에게 보낼 수도 있구요.

신뢰할 수 있는 사람

내 짝에게 배신당해서 이제는 그에 대한 신뢰가 깨진 상태입니다. 원래 상태로 돌아가고 싶어도 돌아갈 수가 없어요.

짝에 대한 신뢰가 부족해서 그 사람을 계속 미워하고 있군요. 당신은 그런 감정을 놓아버리고 사랑의 자리(기대가 아니라)에서 관계를 지속할 수도 있고, 비참한 상태에서 머무를 수도 있어요. 당신은 신뢰의 배신을 용서하지 못하는데, 그럴 때 가장 큰 피해를 보는 사람은 바로 당신입니다. 놓아버리는 것은 상대방의 행위를 용서해주는 것이 아니라 당신을 해방시켜주고 또 두 사람이 함께 지낼 수 있는 청결한 공간을 제공해주는 일이 되기도 해요. 명상은 놓아버리는 것을 방해하는 모든 요소를 알아차리도록 도와줄 거예요.

아무도 속이지 못한다

우리 애들이 내가 아내한테 몹시 화나 있다는 사실을 눈치챌까봐 걱정하고 있습니다. 어떻게 해서든 그걸 감추려고 하지만 나도 모르게 여전히 화를 내고 있습니다.

아마 모두가 다 그런 사실을 감지하고 있을 거예요. 당신은 그 누구에게도 자신의 감정을 숨길 수 없어요. 만일 당신이 부인에게 계속 성나 있다면, 도처에서 그런 감정을 흘리고 다닐 거고, 자녀들을 포함해서 마주치는 모든 사람에게 성을 낼 거예요. 그렇게 해서 결국 당신은 성난 사람이 되고 말겠죠. 그러는 대신에 아내와의 상황을 살펴보고 자신이 화나 있다는 사실을 인정하고서 그 상황을 바꿀 것인지, 받아들일 것인지, 그대로 둘 것인지를 결정하세요. 명상은 그런 결정을 내릴 때 큰 도움이 되어줍니다.

바보, 천치, 짜증나는 인간들

살아가면서 대하기 힘든 사람들이 누구에게나 다 있습니다. 혈연인 사람, 어쩌다 얽혀들게 된 사람, 어렸을 때부터 친구라서 이제는 헤어지고 싶어도 헤어질 수 없는 사람. 노상 남을 헐뜯기 좋아하는 이웃 사람, 몹시 가난한 엄마 친구, 좀처럼 떨어지지 않으려 드는 전 애인이나 배우자, 가까운 사이이 긴 하나 비열한 친구, 거짓말을 일삼는 배우자, 질투심 많은 형제자매, 작업동료면서도 사사건건 일을 방해하는 사람, 늘 불평불만만 일삼으며 분위기를 망치는 사람, 매사를 부정적으로 보는 사람, 우리가 개인적으로 가장 싫어하는 사람, 우리가 싫어하는 짓만 골라서 하는 골칫덩어리. 사실, 그 사람들은 우리가 생각하는 것만큼 골치 아픈 사람들은 아닙니다. 대체로 그들은 우리의 문제점들을 비춰주는 사람들이며, 자기 자신이 그렇게 훤히 비쳐질 때의 기분은 별로죠. 매사를 남의 탓으로 돌려야 마음이 편하구요.

우리는 또다시 선택을 해야 하는 상황에 처해 있습니다. 이럴 때 우리는 남을 미워하는 사람이 될 수도 있습니다. 아니면 그 사람들을, 나에 관해 뭔가를 가르쳐주고, 내 기존관념에 도전하고, 내가 이해하지 못하는 것들에 대한 관용의 정신을 길러주고, 내 안에 실제로 존재함에도 내가 그렇다는 것을 미처 깨닫지 못한 높은 수준의 연민을 경험하게 해주는 이들로 포용할 수도 있습니다.

자, 당신은 어떤 사람이 되고 싶은가요?

3단계
신이 만드신 것은 모두 가치 있다

1 편안하게 앉으세요.

2 눈을 감으세요.

3 본격적인 명상에 들어가기 전에 복식호흡을 몇 번 깊게 하세요.

4 기원의 말을 자신에게 보내세요. 고전적인 기원문들은 다음과 같습니다:

**당신이 안전하게 지내기를, 당신이 행복하게 지내기를,
당신이 건강하게 지내기를, 당신이 편안하게 잘 살기를**

여기에서 골라도 되고, 또 자신이 직접 만들어서 써도 됩니다.

5 선택한 기원문을 거듭거듭 반복하세요.

6 내면에서 어떤 것이 나타나든 그냥 알아차리기만 할 뿐, 판단하거나 그것에 휩쓸려 들어가지 마세요.

7 그러고 나서 자리가 잡혔다고 느껴지면 기원문을 보내고 싶은 사람을 떠올리세요. 그 사람은 멘토나 부모, 배우자, 짝꿍, 자녀, 친구, 형제자매가 될 수도 있고 그 외에 그 어떤 사람도 다 될 수 있습니다.

8 그 사람의 이미지를 마음속에 떠올리고 위의 명상을 반복하세요. 단, 이번에는 당신 자신이 아니라 당신이 떠올린 사람과 더불어 명상하는 겁니다. 역시 명상의 대상이 꼭 사람으로 국한되지는 않아요.

9 당신 자신과 사랑하는 사람에게 기원문을 보낸 뒤에는 제3의 인물, 곧 대하기 힘든 사람을 소환하세요. 그 사람의 이미지를 마음속에 떠올린 뒤 어떤 것이 나타나든 다 알아차리도록 하세요. 마음속에 떠오르는 것들을 주시하면서 그 사람에게 축복과 사랑을 보내주세요.

열 받지 마

헤어진 여자 친구 생각만 하면 너무 화가 나요.

왜 신경을 쓰죠? 그 여자랑 결혼할 것도 아닌데. 그 여자한테 잘 되라는 기원문, 사랑하는 마음, 좋은 주문을 보내주세요. 그런 마음을 아주 조금밖에 보내기 힘들다면, 그 정도라도 보내주세요.

대부분의 사람들은 타인을 해치거나 망치려는 계획을 갖고서 살아가지 않아요. 저도 모르게 그렇게 하는 거죠. 그리고 그런 것은 대체로 당신하고는 아무 상관없고, 오로지 본인하고만 관련된 일일 뿐이에요. 그러니 그런 점을 염두에 두면서 내려놓으세요. 물론 그러기는 쉽지 않습니다만, 분개하고 미워하고 열 받는 대신에 그런 감정들을 다 놓아버린다면 삶이 백만 배나 더 편해질 거예요.

그런 감정의 에너지는 당신의 생명력을 빨아먹을 거예요. 그런 감정들을 놓아버린다고 해서 상대방이 한 짓을 받아들여줄 만한 것이라고 여기는 것이 아니에요. 당신은 그저 그런 것이 당신을 기진맥진하도록 그대로 방치하지는 않겠다고 마음먹고 있는 것뿐이에요.

그들을 더 사랑하라

우리 집안은 지독하게 완고하고 보수적인 집안입니다. 제가 그 사람들에게 그들이 잘 못됐고, 그들의 믿음이 위험하다는 얘기를 어떤 식으로 하면 좋을까요?

어째서 그 사람들을 더 사랑하지 않는 거죠? 그 사람들의 장점을 알아보는 편을 선택하세요. 손톱만

큼의 작은 사랑이라도 그들에게 보내주세요. 가끔 그렇게 하기가 더없이 어려울 거예요. 가끔 자기
자신에게 "그 사람들을 더 사랑하라"는 말을 거듭거듭 되풀이해야 할 때도 있을 겁니다. 하지만 그
렇게 할 만한 가치가 충분히 있는 일이랍니다. 부정적인 에너지를 도처에 덧보탤 이유는 전혀 없어
요. 특히 당신의 친족에게 그럴 이유는 더더욱 없구요.

목적 있는 삶

고귀한 전사: 넬슨 만델라

남아프리카 공화국 최초의 흑인 대통령인 넬슨 만델라Nelson Mandela
는 용서와 진정한 리더십이 어떤 것인지를 전 세계 사람들에게 생생
하게 보여준 인물이다. 사람들을 더 사랑한다는 것이 무슨 뜻인지를
제대로 이해한 사람이 있다면, 그는 바로 만델라였다. 그는 27년간
교도소에서 복역한 뒤 자기 나라를 해방시켰고, 자신을 붙잡아서 억
압한 사람들을 용서해줬다.

만델라가 투옥되어 있는 동안 그의 아내까지도 투옥되었다. 그녀는
그에게 그 상황에 어떻게 대처하면 좋을지 조언해달라고 부탁했다.

그는 이렇게 답했다.

"다른 것은 몰라도 최소한, 교도소의 독방은 당신에게 매일 자신의 모
든 행위를 성찰하고, 자기 안에 있는 단점들은 극복하고, 장점들은 더
계발할 수 있는 기회를 제공해주기는 할 거요. 매일 잠들기 전에 15
분 정도씩 꾸준히 명상하다보면 그런 과제들에서 많은 결실을 얻을
수 있어요. 자기 삶에서의 부정적인 면들을 짚어내는 일이 처음에는
좀 어려울 수도 있어요. 하지만 거듭해서 시도하다 보면 결국 많은
보답을 받게 될 거요. 성인이란 바로 거듭거듭 시도하는 죄인임을 결
코 잊지 말아요."

장단점

관계에 대한 '슈퍼마리오'의 조언

수키의 아버지 마리오 카세레스가 전해준 교훈

수키와 그녀의 여동생이 약혼했을 때 마리오는 두 딸에게 미래 남편감과의 사랑에 빠지게 만든 요인들의 목록을 적어보라고 요구했습니다. 결혼한 시기가 달랐으니 시차를 두고 똑같은 요구를 한 거죠. 이어서 그는 다시 남편감의 좋지 않은 점들의 목록을 만들어보라고 요구했습니다. 딸들이 목록을 다 작성하자 그는 큰 소리로 읽어보라고 했습니다. 그런 뒤 그는 딸들이 장차 교회 통로로 행진해갈 때 자기네가 어디로 걸어 들어가게 될지를 잘 알고 있다는 것을 입증해주는 그 목록에 서명하라고 했습니다. 두 딸은 행복에 겨워하며 기꺼이 서명을 했고, 그러고 나서 둘 다 그것을 까맣게 잊었습니다. 몇 년이 지난 뒤 수키는 자신이 결혼생활에서 힘겨운 고비를 지나고 있다는 것을 알았습니다. 아버지는 그녀에게 그 목록을 다시 들여다보라고 권했습니다. 그녀는 아버지가 시키는 대로 했고, 자기가 미래 남편감의 장단점을 다 알면서 서명했다는 것을 깨닫고 충격을 받았습니다.

그 목록에 적힌 내용은 남편의 지금 모습과 똑같았습니다!

남편은 그때와 전혀 변함이 없었습니다. 그녀는 그걸 좀처럼 믿기 힘들었지만 목록에 죽 나열된 증거가 눈앞에 있으니 어쩌겠어요.

마법을 선택하라
당신의 삶은 의식적인 결정이다

근사한 관계 혹은 동화 같은 로맨스(대략 18개월가량 지속되죠), 완벽한 직장, 꿈같은 인생으로 그냥 걸어 들어가는 사람들은 극히 드뭅니다. 일부 사람들의 경우를 제외하고 꿈같은 삶을 사는 대다수 사람들은 그렇게 사는 편을 선택했기 때문에 그렇게 삽니다. 거기에는 비밀이 없다는 게 비밀이에요. 그 모든 것이 선택입니다.

당신은 누군가와의 관계 속에 자신의 온갖 생각과 허물을 끌어들일 수 있습니다. 그래놓고 그 관계 속에서 그런 것들을 보고 자신을 보죠. 그런가 하면 당신은 상대를 보면서 그에게서 자기 자신의 모습, 자신의 허물이나 문제점들을 보는 게 아니라 평생을 함께 할 사랑의 대상으로 보는, 아주 의식적인 선택을 할 수도 있어요. 그것은 우연히 일어나는 것이 아니라 선택입니다. .

로또에 당첨된 것처럼 느끼는 사람이 되도록 하세요.

꿈같은 동화의 나라

당신은 자기 삶의 어느 하나도 바꿀 필요가 없습니다. 지금 당장 더 나은 삶을 살 수 있어요. 모든 것을 마치 처음 하는 것처럼 해보세요. 모든 것을 수용하세요. 자신의 삶을, 관계를, 직장을, 가정을, 가족을, 그 모든 것을 인정하고 수용하세요.

살아가면서 사소한 모든 것에 대해 반응하는 것 하나하나가 다 선택입니다. 그런 점에 관해서 명상해보세요.

단언컨대, 명상을 하면할수록 더 많은 마법이 나타날 겁니다.

스스로에게 이렇게 물어 보세요 : 나는 이 세상에서 어떤 사람으로 살고 싶은가? 오늘은 그런 점과 관련해서 어떤 일을 할 작정인가?

엘리자베스의 어머니이자 수키의 시어머니인 바바라는 일곱 자녀와 스물두 명의 손자손녀를 둔 다복한 이입니다. 그래서 그녀는 어머니날이면 좋은 일을 합니다.

요전 어머니날, 그녀는 창밖을 내다보다 남편이 죽은 뒤로 혼자 살고 있는 좋은 친구이자 이웃인 이가 자기 집으로 걸어오고 있는 광경을 봤습니다. 그 순간 바바라는 어머니날에는 자기네 이웃에 살고 있는 얼마나 많은 여자들이 그날의 특별한 꽃들을 필요로 하는지를 떠올리고는 차를 몰고 화원으로 갔습니다. 그리고 그녀는 친구들에게 꽃다발을 건네주고, 많은 이야기와 웃음을 나누는 것으로 그날의 나머지 시간을 보냈습니다.

사랑을 선택하는 것은 마법을 선택하는 것입니다.

CHAPTER 8

마음챙김 훈련:
당신의 삶 속에 존재하라

당신은 명상하지 않고 보내는 하루 중의 23시간 반 동안은 어떤 식으로 흘러갈까 하고 궁금해할지도 모릅니다. 방석을 떠나 일상생활 속에 매몰되어 있을 때는 어떻게 자각상태를 유지할 수 있을까? 많은 스트레스를 안겨주는 무서운 직장 상사, 악을 쓰는 아이들, 끝없이 날아드는 청구서, 식품점 앞에 길게 늘어선 줄, 소중한 짝과의 무언의 싸움, 자신의 감각과 가슴을 무디게 하고 마음을 닫아버리게 만드는 그 밖의 다른 모든 일들 속에서 어떻게?

바로 이 지점에서 마음챙김mindfulness(팔리어로는 사티sati, 한자로는 念인 이것을 흔히 '마음챙김'이나 '알아차림'으로 번역하는데 어느 쪽으로 써도 무방하다—옮긴이)이 등장합니다.

마음챙김에 관한 아주 믿음직한 연구자인 존 카밧진Jon Kabat-Zinn(미국의 의대교수, 수행 지도자인 그는 1970년대에 한국의 숭산스님한테서 참선을 배웠다—옮긴이)은 그것을 '현재 순간에 어떤 판단도 하지 않고 의도적으로 주의를 기울이는 것을 통해서 일어나는 알아차림'으로 정의했습니다.

마음챙김은 감각, 인류와의 연대, 자연을 음미하는 능력, 주의력, 집중력, 창조성을 높여줄 뿐만 아니라 가장 중요한 것으로, 자기 자신과의 관계를 증진시켜주는 것을 비롯해서 모든 능력을 높여주기 때문에 사람들은 흔히 그것을 만병통치약처럼 생각합니다. 그 약을 충분히 마시기만 하면 마법적인 능력을 갖게 될 것이라는 식으로 말이죠.

자신의 삶 속에 현존하고 싶어 한다면 꼭 마음을 챙겨야 합니다. 자동조종장치에 따라서 정신없이 살아가는 대신에 깨어 있고 알아차리는 상태에서 이 행성을 걸어 다닐 때 당신은 이 세계와 자신의 삶에 대한 사랑에 빠지게 될 거예요. 그렇게 될 수 있는 비결은 매 순간 현존하고, 생생하게 알아차리는 거예요. 그것은 순식간에 오즈의 나라에 들어선 도로시처럼 갑자기 온 세상이 흑백에서 칼라로 변하는 것과 비슷할 거예요. 그날이 당신에게 제아무리 힘든 날이라 할지라도 말이죠.

당일치기 여행

동네 주변을 주의 깊게 산책해 보세요. 신중하게 천천히 걸으면서 주위에 있는 건물, 자연, 주택, 주민, 반려동물을 알아차리고, 곳곳에서 나는 냄새를 맡고 소리를 들어보세요. 마음을 챙기기는 힘들지 않아요. 그저 주위에 있는 것들을 주시하고 알아차리기만 하면 됩니다. 우리 동네 관광객이 되어서 여행이라도 떠나보세요.

주위 환경을 생생하게 알아차릴 때 당신은 다음과 같이 변한다:

초보 조류학자

열정적인 식물학자

전문가의 도움 없이 직접 나무를
돌보는 수목 관리자

아마추어 건축가

조경사 지망생

모르는 게 없는 박물학자

정원예술 감식가

관음증환자가 될 수도 있다

(우리는 그런 걸 용인해주지 않지만)

 열심히 날아다니는 올빼미를 볼 때는 주시하세요!
올빼미는 당신이 시도하려고 하는
마음챙김 훈련의 표본이거든요.

차렷!

마음챙김은 자신이 모든 것을 주시하는 이라는 것을 깨닫도록 도와주는 하나의 방편입니다. 당신이 할 일은 당신 주변의 모든 것을 주시하되 반응react하지 않는 것입니다. 마음챙김 훈련은 모든 고통의 원인이 되는 들쭉날쭉한 느낌들을 멈추게 하는 방법이에요. 마음챙김은 우리 마음을 차분하게 가라앉혀줘 우리가 감응respond할 수 있고, 모든 성마른 충동과 감정의 변덕에 끌려가지 않을 수 있게 해주기 때문이죠.

명상과 마음챙김은 베스트 프렌즈

명상은 자동적으로 당신을 더 주의 깊은 이로 만들어주고, 마음챙김은 당신의 명상 훈련을 더 촉진시켜줄 거예요. 그 둘은 따로가 아니라 서로 손잡고 가요. 이 책이 겨냥하는 두 목표가 바로 그 둘이며, 방석 위에서 하는 것은 명상이라고 하고, 그 외의 모든 곳에서 일어나는 모든 것에 적용되는 것은 마음챙김이라고 합니다.

마음챙김은 잠잘 때를 빼고는 그것을 하기에 좋지 않은 시간이 없다고 하는 장점을 갖고 있습니다. 잠잘 때를 빼고 우리는 늘 그것을 행할 수 있어요. 당신의 그루브를 제대로 작동하도록 하기 위해 다음에 소개하는 권고사항들을 매일 연습해보도록 하세요.

이른 아침의 마음챙김

커피를 내리면서: 천천히 하세요. 커피 봉지를 열면서 깊게 심호흡을 한 뒤 평소처럼 진행하세요.

아이들을 학교에 데려다주면서: 걷거나 차로 아이들을 데리고 가면서 주위 풍경과 사람들에 관해 이야기해보세요.

개를 산책시키면서: 모든 집의 정원, 차도에서 집까지 이어지는 모든 길에서 전에 보지 못했던 것들을 알아차리도록 하세요.

차를 몰고 직장에 가면서: 네비게이션을 끄고 전에 가보지 않은 새 길로 가보세요.

샤워를 하면서: 물이 당신의 몸을 때릴 때 그 감각을 느껴보고, 수증기 속에서 호흡해보고, 두 눈을 감고 그냥 느껴보세요.

운동하면서: 근육들의 움직임을 주시하세요. 어디가 아픈가요? 전보다 더 아프거나 더 편해진 데가 있나요? 두 발이 바닥에 닿는 감촉을 느껴보세요. 그냥 느껴보세요. 멍하니 있지 말고 온전히 그 순간 속에 머물러보세요.

하루 시간을 보내면서: 상대가 도끼를 든 살인마가 아닌 이상 만나는 모든 사람에게 미소를 보내고, 누가 미소로 답하는지 알아차리도록 하세요.

잊지 마세요

우리 모두는 자신이 주의 깊게 살아가고 있다고 생각하지만, 우리 대부분은 마음챙기는 걸 자주 잊어버리는 경향이 있어요. 그런 훈련을 하면 할수록 그것은 더욱 더 깊이 각인됩니다. 주의 깊게 살아가야 한다는 것을 기억하는 최상의 방법은 마음챙김 훈련을 하는 거예요. 그런 훈련은 누구나 쉽게 할 수 있으며, 아침에 일어나 커피 냄새를 맡는 것처럼 생생하고 실체적인 방법입니다.

바로 이거야

마음챙김은 주시하는 상태로, 미래에 대해서 걱정하거나 과거사를 후회하고 자책하지 않는 상태입니다. 그것은 당신을 일깨워서 지금 여기에 존재하게 하는 과속방지턱입니다. 그것은 당신을 현존하게 하고 자신의 삶 속으로 되돌아오게 해줍니다.

마음챙김은 단번에 이루어지지 않습니다. 평생토록 해야 하는 훈련이며, 당신은 자주 잊어버리고 흐트러질 거예요. 호흡하면서 주시하세요. 마음챙김은 주시하고 알아차리는 것이 전부입니다. 그것은 부드러운 에너지예요. 일을 더 잘 해내고 경청하고 현존하려는 의도를 갖도록 하세요. 그러고 나서 놓아주고, 당신 주변의 모든 것을 주시하세요. 그렇게 하고 있는 동안 남들을 돕기 위해 자신이 무슨 일을 할 수 있는가를 알아차리도록 하세요.

명상은 당신이 더 주의 깊게 살아야 한다는 점을 환기시켜줄 것이고, 마음챙김은 당신을 더 나은 명상가로 만들어줄 겁니다.

관찰하는 즐거움

밖을 내다 볼 수 있는 집 안의 어느 한 창문, 혹은 당신이 매일 같은 시간대에 찾아가는 정원의 한 지점을 선택하고, 거기서 꽉 찬 5분을 보내보세요. 전날 이후에 어떤 변화가 있었는지 알아차려 보세요. 나뭇잎이 떨어졌나요? 꽃이 피었나요? 새들이 들렀다 갔나요? 빨래가 걸려 있나요? 쓰레기가 떨어져 있나요? 차들이 왔다 갔나요? 비둘기들이 파티를 벌였나요? 눈이 내렸나요? 그곳에서의 경험을 당신이 보내는 하루의 일부로 만드세요. 세상의 모든 것은 끊임없이 변합니다. 변화를 통해서 가르침을 받도록 하세요.

득점하려고 애쓰지 말라

주의 깊은 운동선수: 조지 멈퍼드

스포츠 심리학자, 명상인, 마음챙김 전도사인 조지 멈퍼드George Mumford는 필 잭슨(시카고 불스, LA 레이커스 감독을 역임한 명장-옮긴이), 그리고 NBA 챔피언이 되려고 애쓴 많은 농구팀과 함께 일했다. 그는 농구경기에 마음챙김 방편을 도입함으로써 많은 NBA 슈퍼스타들이 비밀명기라고 불렀던 인물이었다.

그는 선수들에게 이렇게 조언했다.

"득점을 하는 가장 좋은 방법은 득점하려고 애쓰지 않는 것이다. 너 자신이 되는 가장 좋은 방법은 너 자신을 잊는 것이다."

회사에서 하루 종일 시달린 당신

당신이 사무실에서 스트레스를 받거나 화나거나 닦달을 받거나 거절당하거나 무시당할 때마다 생각의 흐름을 멈추고 상대방, 그 상황에 관해 한 가지라도 긍정적인 점을 찾아내보세요. 감정이 격해지는 순간을 깊이 호흡하고 행복해질 기회로 활용해보세요. 그것은 선택이에요. 처음에는 그러고 싶은 기분이 들지 않을 수 있으니 연습을 해보세요.

시간 벌기

우리는 하루 중의 시간을 늘리고 너무 빨리 지나가지 않게 하는 것이 가능하다고 말합니다. 하지만 그렇게 하려면 마음을 차분하게 가라앉히고 매일매일을, 매시간을, 매 분을, 매 순간을 주시해야 해요. 현존할 때 시간은 사라지고, 삶은 입체적으로 변해서 훨씬 덜 따분한 것이 되고, 당연히 훨씬 더 즐거워집니다. 설령 거지 같은 날이라도 말이에요.

감칠맛을 더해보자

마음챙김을 위한 한 가지 레시피 : 저녁식사를 준비하고 있나요? 그러기 전이라면 지금이야말로 시작하기에 좋은 시간입니다. 음식을 조리하는 시간은 마음챙김 연습을 하기에 더없이 좋은 기회입니다. 모든 감각이 제역할을 할 수 있어요. 예컨대, 주의 깊은 마음자세로 수프를 만들어보아요.

주의 깊은 마음자세로 조리하는 수프를 위한 레시피 :

모습: 어떤 재료들이 들어가나요? 이제껏 후추를 제대로 살펴본 적이 있나요? 버섯은? 방풍나물은? 지금 그걸 해보세요.

소리: 수프를 만들 때의 소리에 귀기울여 보세요. 당근 껍질을 벗길 때의 소리, 양파 다지는 소리, 파슬리의 잔가지를 잘라낼 때의 소리에 귀기울여보세요. 주의 깊게 듣는다면, 조리대 위에서 완전한 오케스트라가 연주를 하고 있을 겁니다.

냄새: 심호흡을 깊게 한번 해보세요. 끓는 물에서는 어떤 냄새가 나나요? 냄비 속에 파스타를 집어넣을 때 신선한 파스타 냄새를 맡아 보세요. 으깬 마늘, 매콤한 고춧가루, 싱싱한 시금치, 잘게 부순 로즈마리 냄새를 맡아보세요.

맛: 조리하면서 맛을 보세요. 마치 셰프가 된 것처럼, 신선한 대파, 매끄러운 완두콩, 상큼한 레몬, 그리고 유리잔에 채워진 와인을 맛보세요.

감촉: 얼굴에 와 닿는 증기, 채소들의 질감, 가스레인지에서 올라오는 열기, 수프를 휘젓기 위해 손에 쥔 나무 주걱, 당신이 수프에 더해주고 있는 사랑을 느껴보세요.

말하기 전에 먼저 생각하라

가끔 의도하지도 않았고 악의도 없었는데 바보 같은 말이 우리 입에서 그냥 나옵니다. 저도 모르게 불쑥 튀어나오죠. 하지만 이런 식으로 말해서는 안 됩니다. 특히 화난 순간에 넋 나간 말이 당신의 입에서 툭 튀어나오게 하는 대신에 일단 정지하고, 입을 꾹 닫고 주시하세요. 이때 어떤 식의 판단도 내리지 말아야 한다는 점을 잊지 마세요.

입을 열기에 앞서 스스로에게 다음과 같은 몇 가지 질문을 던지는 습관을 갖도록 하세요.

이런 말을 하는 게 도움이 될까?
그게 사실인가?
친절한 말인가?
누구를 위한 말인가?
어째서 이 말을 하려는 거지?
굳이 이런 말을 할 필요가 있을까?

분명, 당신은 이런 질문을 모두 던질 시간을 갖지 못할 공산이 큽니다. 하지만 스스로에게 한두 가지만 물어봐도 나중에 창피함과 마음의 괴로움을 겪을 가능성을 크게 줄일 수 있어요.

침묵하는 날

휴일에 별다른 스케줄이 없다면 하루나 반나절, 혹은 두어 시간 동안 일절 말을 하지 않도록 해보세요. 사람들 곁에 있을 때도 듣기만 할 뿐 말은 하지 마세요. 짝이나 친구하고 있을 때 이런 훈련을 하는 것도 괜찮습니다. 사람들에게 가서 함께 있되 말하지는 마세요. 상대가 말하는 도중에 당신이 끼어들지 않을 때 상대의 얼굴이 얼마나 환하게 빛나는지 알아차리게 될 거예요. 양쪽 귀를 훤히 열고 그동안 자신이 어떤 것을 놓치고 있었는지를 발견해보세요.

시련과 맞닥뜨렸다고 느낄 때

힘겨운 시기를 맞았을 때 당신은 마음의 문을 닫을 수도 있고 열 수도 있습니다. 모든 경우에 다 그렇듯이 이런 상황에 대해 어떻게 반응할지는 당신의 선택에 달려 있습니다. 그 빡센 경험을 통해서 배우고 성장하기 위해, 그 이점을 알기 위해, 모든 것이 완벽하다는 것을 깨닫기 위해 스스로에게 다음과 같은 질문을 던지는 것으로 시작해보세요.

나는 무엇을 느끼고 있는가?
무엇을 배우고 있는가?
전에 이런 경험을 해봤던가?
일어날 수 있는 최악의 사태는 무엇일까?
내가 통제할 수 있는 것은 무엇인가?
통제할 수 없는 것은 무엇인가?
이 상황에서 근사한 면은 무엇인가?

준비하시고, 시이-작

우리 중 아주 많은 사람들이 마치 아직까지도 삶이 시작되기를 기다리고 있기라도 하듯이 기다리는 일로 삶을 허비하고 있습니다. 당신은 줄을 서서 망연히 기다리고 있을 수도 있고, 그 줄 속에서 마법을 보거나 친구를 사귀거나 전에 결코 보지 못했던 것을 알아차리거나 새로운 어떤 것을 배우거나 다른 어떤 것을 경험할 수도 있습니다. 그 모든 일이 같은 줄에서 일어날 수 있어요.

설령 당신이 대기실에 앉아 만남의 시간이 오기를 기다리고 있다고 해도 그저 하릴없이 기다리고만 있을 필요는 없습니다. 그래서도 안 되고요. 그런 시간은 주시할 수 있는 완벽한 기회입니다. 그 방의 생김새는 어떤가요? 그 안에 누가 있고, 벽에는 어떤 것들이 걸려 있나요? 바닥에는? 접수계 직원의 이름은 어떻게 되나요? 당신은 그 사람에 관해서 어떤 것을 알고 있나요? 그 방에는 다른 어떤 사람들이 있나요? 있다면 인사를 하세요. 어떤 종류의 음악이 흐르고 있나요? 그곳의 의자들은 어떤 느낌을 주나요? 조명은 어떤가요? 어디서든지 항상 배우도록 하세요.

207

백 투 더 퓨 처

미래 속에서 살고 있는 것은 본인에게 아무 도움도 되지
않는 것임은 물론이요, 많은 근심걱정과 두려움을 자아
내는 경향이 있습니다. 어째서 바로 지금 이 순간을 기대
감 속에서 즐기지 못하는 것일까요? 지금이 평일 오후에
주방 바닥을 청소하는 것처럼 아주 평범한 일을 하는 순
간이라고 해도 말이에요. 지금이 어떤 순간이든 간에 바
로 지금 이 순간에 내재된 아름다움과 마법을 찾을 수 없고 발견할 수 없다면, 뭔가 대단한 일들이
올 거라는 기대만 하면서 삶의 97퍼센트를 허비하게 될 거예요.

마음을 차분하게 가라앉히고 지금 여기에서 일어나고 있는, 넘쳐날 것처럼 많은 것들을 알아차린다
면 당신 삶의 모든 것이 변할 거예요. 그 변화는 스위치 하나를 누른다고 해서 일어나는 게 아닙니다.
이런 것들이 필요하죠. 명상 훈련, 마음챙김 훈련, 알아차림 훈련. 그 키워드는 훈련입니다. 그리고
잊지 않고 기억하는 것. 그리고 거듭거듭 다시 시작하는 것.

당신은 일상생활을 따분한 것으로 여길지 몰라도 우리의 일상생활은 마법으로 가득 차 있답니다.

너도 들었니 Do you hear what I hear?
(1962년에 작곡된 유명한 크리스마스 노래 제목—옮긴이)

혼자 식당에 가서 식사를 하거나 카페에 가서 커피를 마시거나 술집에 가서
술을 마셔보세요. 당신 주위에서 들리는 온갖 대화와 소리를 잘 들어보세요
(엿듣는 걸 들키지는 말구). 당신은 온갖 종류의 근사한 이야기와 소리들을 듣
게 될 겁니다.

왁스 바르기, 왁스 닦아내기

하기 싫어하는 어떤 일, 특히 평소에 자주 하는 허드렛일 같은 것을 해야
할 때, 어째서 그 시간을 마음챙김 명상을 하는 시간으로 생각하지 않는 거죠?
저항하거나 불평하는 대신 순순히 받아들이고 즐겨보세요.

잔디 깎으면서

낙엽을 긁어모으면서

잔뜩 쌓여 있는 세탁물 개키면서

설거지 하면서

정원 일 하면서

청소기로 청소하면서

울타리에 페인트칠을 하면서

왁스 바르고 왁스 닦아내고

친밀한 만남: 주의 깊은 삶을 위한 힌트

- 오늘 하루 첫 번째 사람을 볼 때, 전에는 결코 보지 못했던 점들을 알아차려보세요.

- 좋아하지 않는 사람과 우연히 마주칠 때 당신이 좋게 봐줄 만한 점을 찾아내보세요. 그 사람의 속눈썹, 고르지 않으나 매력적으로 보이는 치열, 구두 등 뭐든 좋아요. 그런 게 뭐 하나는 있을 거예요.

- 일상생활을 하는 가운데 늘 보긴 하는데 아직까지 이름을 모르는 사람이 있나요? 있다면 그 사람 이름이 뭔지 알아내도록 하세요.

- 다음번에 누군가와 만나 대화할 때는 상대방의 얘기가 끝날 때마다 늘 마음속으로 3초를 센 뒤에 응답의 말을 하도록 하세요. 당신이 얼마나 자주 남의 말을 가로채고 싶어 안달하는지 주시해보세요.

- 따뜻한 마음에서 우러나오는 행위들: 오늘은 모르는 사람에게 친절을 베풀어보세요. 상대가 들어올 때까지 문을 잡고 있어준다든가 전철에서 자리를 양보한다든가 먼저 인사를 하면서 말을 건다든가. 상대와 따뜻하게 접속해보세요.

명상메모

우리 오빠와 새언니에게는 아이가 일곱이나 된다. 그들은 가능한 한 매일 밤마다 꼭 식구들 전체가 모여서 저녁식사를 함께 한다. 밤만 되면 그들은 식탁 주변에 죽 둘러앉아 그날 있었던 일들에 관한 얘기를 나눈다. 그런 습관은 식구들 모두를 명랑 쾌활하게 만들어주고 긴밀하게 결속하게 해주며, 저녁식사 시간을 훨씬 더 즐거운 시간으로 만들어준다.

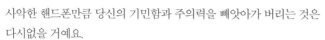

핸드폰은 마음챙김에 취약

사악한 핸드폰만큼 당신의 기민함과 주의력을 빼앗아가 버리는 것은
다시없을 거예요.
디지털 시대에 그것에 대처할 수 있는 방안으로 다음과 같은 것들이 있습니다.

밥값 내기: 다음번에 친구들과 함께 밖에서 식사를 할 때, 각자
의 핸드폰을 식탁 중간에 놔두도록 한 뒤 식사 도중에 맨 먼저
전화기를 집어 드는 사람이 밥값을 내도록 해보세요.

이메일 시간: 하루 한두 번만 이메일을 들여다보세요. 그런 규칙
을 고수한다고 해서 사람이 죽지는 않을 거고, 그런 습관은 당신의
삶을 변화시켜 줄 거예요.

모바일 예절: 자신의 핸드폰 사용 규칙을 만들어보세요. 식사할
때, 파티에 참석할 때, 거리를 걷고 있을 때, 친구들이나 식구들과 함
께 있을 때는 핸드폰을 꺼버리세요.

전화기 없이 살아보기: 한 달에 하루(그 이상도 좋고)는 핸드폰을
집에 두고 나가보세요. 오래전에는 그렇게 전화기 없이 지내는 것이
정상이었죠. 우리는 그런 것을 자유라고 부릅니다.

마음챙김을 활용하면 살이 빠진다

마음챙김은 살 빼는 약 같은 것이 아니니 하룻밤사이에 기적이 일어나기를 기대하지는 마세요. 자신의 삶을 집중하며 바라보게 되면, 과식을 하기 전에 자제를 하기 때문에 살이 빠지는 거예요. 마음챙김은 일종의 학습 과정으로 즉각적인 결과를 가져다주지는 않지만, 마음챙김이 아주 효과적인 것은 바로 그런 점 때문이기도 합니다.

더 나은 식습관을 위한 팁

- 스스로에게 물어보세요. 나는 정말로 배고픈가? 지루하고 따분한가? 스트레스를 받고 있는가? 외로운가? 보상이 필요하다고 느끼고 있는가?

- 나는 어떤 감정들을 경험하고 있는가? 지금 이 순간 내 삶에서 어떤 일이 일어나고 있는가? 나는 자기혐오에 빠져 있는가? 아니면 실제로 점심시간이 된 것인가?

- 먹고 있는 동안 스스로에게 물어보세요. 나는 무엇을 느끼고 있고 내 머리는 무엇에 빠져 있는가? 화나 있나? 외로운가? 술에 취했나? 스트레스를 받고 있나? 슬픈가? 행복한가? 이 모든 것이 폭식을 불러올 수 있기 때문입니다.

- 자신이 어떤 음식을 먹고 있는지 알아차리도록 하세요. 불량식품인가요? 건강에 좋은 음식인가요? 편안한 느낌을 주나요? 다 먹고 나서 뒤끝이 고약할까요?

- 음식을 먹고 있는 동안 그 음식을 즐기세요. 하지만 음식을 즐기려면 자신이 어떤 것을 먹고 있는지 알아차려야 합니다. 당신의 어머니가 이미 말씀하셨겠지만 음식을 꼭꼭 씹어 드세요.

- 먹는 음식을 체험하세요. 어떤 음식인가요? 어떤 냄새가 나나요? 어떤 질감인가요? 어떤 맛이 나나요? 당신은 왜 그것을 먹고 있나요?

212

명상메모

프렌치프라이는 건강에 그리 좋은 식품이 아니다. 하지만 다른 모든 식품과 마찬가지로 프렌치프라이도 적당히 먹으면 괜찮다. 우리가 매달 첫날을 프렌치프라이 날로 삼아서 축하하는 것도 그 때문이다. 이런 관행은 그 달의 나머지 날 동안 그것을 먹고 싶은 욕구를 적당히 다스려준다. 이런 방식은 모든 나쁜 습관을 다스리는 데 효과가 있다.

달려보자

아주 많은 사람들이 운동을 할 때면 멍 때리기를 좋아하는데 사실은 깨어 있는 상태로 하는 것이 훨씬 더 효과적이고 재미있습니다. 두 발이 지면을 딛을 때의 감각을, 자전거 페달을 밟는 허벅지 근육의 움직임을 느껴보세요. 허공을 휘젓는 두 팔의 움직임을 느껴보세요. 주위에 있는 것들을 알아차려 보세요. 주위의 풍경, 냄새, 소리 등을. 멍 때리고 있을 때 당신은 근사한 많은 것을, 좋은 결과를 가져다줄 많은 것을 놓치게 됩니다.

발표회

산책하거나 달리기를 하고 있을 때, 5분 정도 시간을 정해서 당신이 현재 보고 있는 것들을 멀리 있는 친구에게 설명해주는 가상 발표회 시간을 가져보세요.

사회심리학자인 **엘런 랭거**Ellen Langer는 25년 이상이나 마음챙김 연구를 선도해온 인물이다. 그녀는 한 연구에서 44명의 호텔 객실담당 여직원들에게 그들이 하는 일(청소, 세탁, 침대시트 갈기 등)이 매일 운동하는 것과 같은 일이라고 말했다. 그 사람들은 평소와 같이 일했는데 한 달 뒤에는 평균 1kg의 살이 빠졌으며, 혈압 수치도 10이 떨어졌다. 자기네 일을 노동이 아니라 운동으로 여기면서 오로지 주의 깊게 작업을 하기만 했을 뿐인데도 그런 변화가 일어났다.

한 가지 일을 가장 잘 해내기

멀티태스킹은 많은 일을 하는 것 같은 느낌을 주긴 하지만 한편 많은 걸 잃게 합니다. 우리 인간은 한 번에 한 가지 일에 초점을 맞추도록 만들어졌습니다. 그래서 동시에 여러 가지 일을 할 때 우리는 주의가 산만해지고 일의 질도, 효과도 떨어집니다.

멀티태스킹은 건강, 뇌, 효율성에 좋지 않아요.

인식능력을 떨어뜨린다: 정신이 여러 가지 일 사이에서 오락가락하다보면 주의력, 학습능력, 수행능력이 떨어집니다. 멀티태스킹이라고 하지만, 사실 우리는 여러 가지 일을 동시에 하는 것이 아니고 한 가지 일과 또 다른 일 사이를 왔다 갔다 하며, 그 바람에 두 가지 일 모두의 진척 속도가 떨어지고 대체로 어느 쪽도 잘 해내지 못하게 되기 때문이에요.

코르티솔 분비량을 증가시킨다: 우리는 코르티솔 분비량의 증가로 피곤해지고 스트레스를 받습니다. 어째서 그럴까요? 뇌가 한 번에 여러 가지 일에 초점을 맞추라는 요구를 받을 때는 원활하게 작동하지 못하기 때문입니다.

지능지수를 10 이상 떨어뜨린다: 런던대학교의 한 연구 결과에 의하면 인지능력을 동원해서 해야 하는 멀티태스킹 과제는 그 참여자들이 밤을 꼬박 새웠거나 직전에 대마초를 피운 것에 버금갈 만큼 지능지수를 떨어뜨렸다고 합니다.

중독성이 있다: 우리 앞에 산적해 있는 소소한 일들을 하나하나 처리할 때마다 매번 우리 몸에서 소량의 도파민이 분비되며 따라서 멀티태스킹은 중독성이 있습니다. 물론 이런 작은 효과는 애초에 우리가 이루려고 하는 목표와는 무관하지만 말입니다.

공감 혹은 감정이입 능력을 떨어뜨린다: 멀티태스킹은 공감이나 관계와 연관된 뇌 부위의 밀도를 떨어뜨리기 때문에 당신은 주의 산만해질 뿐만 아니라 차갑고 무감각한 사람이 되어버려요. 주방에서 저녁식사를 하면서 전화를 걸고, 이메일을 들여다보고, 아이들이 숙제하는 것을 거들어주는 것은 얼핏 생산적으로 보일 수도 있지만, 관계의 불통 때문에 결국 많은 것을 놓치게 됩니다.

당신이 받은 축복을 헤아려보라

큰 사람: 로버트 노보그라츠

일곱 자녀와 스물두 손주를 둔 로버트 노보그라츠는 오스트리아와 헝가리 이민자들이 세운, 펜실베이니아의 한 소읍에서 성장했다. 그는 미 육군사관학교 미식축구 선수로 전국대회에 출전했으며, 30년 동안 육군 장교로 근무했다. 그는 77세가 되었을 때 심장병을 앓았고, 의사들은 빨리 죽기를 원치 않는다면 좋지 않은 습관들을 바꿔야 한다고 조언해줬다. 채식을 하고, 명상을 하고, 더 이상 폭음을 하지 말라고. 과거에 고기를 즐겨 먹고 맥주를 즐겨 마시던 전직 미식축구 선수에게 이것은 엄청난 요구가 아닐 수 없었다.

하지만 로버트는 삶을 사랑하고, 아내와 가족과 친구들을 사랑하는 사람이기에 그 요구를 따랐으며 그 결과 체중이 23kg이나 줄었고, 심장병 증세와 아울러 그것과 연관된 다른 부작용들도 크게 호전되었다.

그가 누리는 모든 행복의 비밀이 뭐냐고 물었을 때, 그는 매일 자신이 누리고 있는 축복을 헤아리는 것이라고 답했다.

우울함

마음챙김을 활용해서 우울한 기분을 물리쳐보세요. 몇 가지 팁을 줄게요.

● 삶은 당신에게 가르침을 주기 위해 존재한다는 것을 잊지 마세요. 삶은 온갖 교훈으로 가득 차 있습니다. 모든 슬픔, 근심, 괴로움은 당신 내면의 뭔가를 비춰주고 있습니다. 그것을 탐사하고 주시하는 시간을 가져보세요. 당신은 지금의 분노에, 슬픔에 감사한다고 말할 수도 있습니다. 그것으로부터 떨어져 나와 관찰하고 주시해보세요.

● 별것 아닌 일로 우울증에 빠지는 습관에서 벗어나세요. 그런 상황의 다른 측면을 보려면 약간의 알아차림만 동원하면 됩니다. 비행기를 놓치거나 가벼운 자동차 추돌사고를 겪거나 출근시간에 늦는 등의 일을 겪을 때, 그런 일들을 어떻게 보고 어떤 식으로 반응하느냐는 전적으로 당신의 선택에 달려 있다는 점을 잊지 마세요.

● 너그럽고 따뜻한 마음으로 모든 사람을 보세요. 힘겨운 상황에 처할 때마다 당신이 할 일은 관련자들과 상황 속에서 유익한 점들을 찾아내는 겁니다. 당신이 유익한 점과 교훈을 찾기만 한다면, 결국 그런 것들을 보게 될 거예요.

자신의 삶 속에 살기 위한 팁

● 낯선 사람들에게 웃어주고 말을 걸어보세요.

● 등산이나 산책을 가서 자연과 가까워지세요.

● 안면 없는 이웃에게 선물할 쿠키를 만들어보세요.

● 저녁식사에 친구들을 초대하세요.

● 연애편지를 써보세요.

● 강아지를 쓰다듬어 주세요.

● 너그럽고 따뜻한 생각을 하세요 그리고 너그러운 어떤 생각을 갖고 있다면, 그게 아무리 거창하거나 괴상한 생각이라고 해도 그대로 실천하세요.

● 진심에서 우러나온 정직한 칭찬을 해주세요.

● 엄마한테 전화하세요.

매의 눈을 가진 여자

안나라는 친구가 있는데, 그녀는 아는 사람들을 우연히 만나는 일이 아주 잦습니다. 세상 어디에 가서도 아는 사람들을 만나요. 지하철에서 대학 신입생 시절 기숙사 룸메이트였던 친구의 부모님을 만나고, 어느 카페에서는 자기 베프의 단골 미용사를 만나는 식이죠. 우리는 그녀의 이런 수많은 사례에 관한 얘기를 듣고, 구글에서 그 현상에 관한 글을 찾아봤습니다. 그리고 그런 현상이 실제로 존재한다는 사실을 알았습니다. 인구의 약 2퍼센트 가량 되는 안나 같은 사람들은 빼어난 인지 능력자들로서 사람 얼굴을 알아보는 비상한 능력을 가졌답니다. 몇 년 전에 딱 한 번 본 사람의 얼굴도 금방 알아보는 정도로 말이에요.

이런 현상에 관해 몇 시간 동안 알아본 뒤 우리는 그녀와 함께 인파로 붐비는 뉴욕의 거리를 걸어가고 있었는데, 그녀가 갑자기 길 건너편에 있는 어떤 남자에게 "마크"라고 빽 소리쳤어요. 처음에 그가 어리둥절한 표정을 하자 안나는 말했어요. "안나예요. 지난번 크리스마스 때 마이애미행 비행기 안에서 만났잖아요." 그제야 그는 싱긋이 웃으며 인사를 했습니다. 안나에게 그 사건은 그저 사람을 알아보는 또 하나의 초능력적 사례에 불과했습니다.

이 일화가 안겨주는 교훈은 무엇일까요? 우리 모두는 안나 만큼이나 자주 아는 사람들과 우연히 마주칩니다. 한데 우리 대다수는 그런 사람들을 알아보지 못하고 그냥 지나치고 말죠. 그러니 우리는 그밖에도 얼마나 많은 것을 놓치고 살고 있을까요?

일단 앉으세요

우리는 당신이 이미 명상을 시작했거나 이 책을 닫자마자 곧바로 시작하기를 바라요. 명상은 우리 삶을 변화시켰고, 이건 한 치의 거짓도 없는 진실입니다. 장담하지만 명상은 당신의 삶도 역시 변화시킬 거예요. 하지만 실제로 앉아야만 그런 일이 이루어져요. 당신은 난리법석을 피우지 않고도 언제 어디에서나 쉽게 명상을 할 수 있습니다. 그러니 일단 앉으세요.

버드나무 밑에서

피라미드 곁에서

시위현장에서

미술관 안에서

동굴 속에서

무릎 위에 고양이를 얹고서

아기에게 젖을 먹이면서

여객기 안에서

초원에서

옥상이나 지붕에서

자동차에서

카누를 타고서

정원에서

도서관에서

네일숍에서

빨래방에서

수족관에서

해변에서

당신만의 장소

당신만의 장소

당신만의 장소

두 저자 소개

수키 노보그라츠Sukey Novogratz와 엘리자베스Elizabeth 노보그라츠는 몇몇 멤버들과 더불어 유명한
소식지《The Well Daily》를 공동 창간했다. 두 저자는 세계 곳곳을 함께 여행하면서 명상공부를 했
고, 저명한 많은 스승들에게서 배웠다. 엘리자베스는《Downtown Chic》와《Home by Novogratz》
의 공저자 중 한 사람이고, 현재 뉴욕시 브루클린에서 살고 있다. 수키는 널리 호평 받은 다큐멘터리
〈The Hunting Ground〉와〈I Am Evidence〉의 제작감독이다. 그녀는 Joyful Heart 재단 이사로 재
직 중이며, 뉴욕 시에서 살고 있다.

백문이 불여일좌

우리 인류는 지리상의 발견의 시대 이래 미지의 대륙과 오지, 사막, 남북극까지 모조리 탐험해서 이제 이 행성에서 인류가 모를 미지의 땅은 거의 남아 있지 않습니다. 과학혁명 이래 수많은 발견의 성취를 이뤄와서 자연계에서도 미지의 영역은 그다지 많지 않구요.

우리 각자도 늘 각박한 일상 속에서 생존을 도모하느라, 빼어난 성취를 이루기 위해, 늘 외부세계만 쫓고 있고 그 때문에 우리 상당수, 혹은 대다수의 내면은 거의 황무지처럼, 거미줄로 가득한 어두운 골방처럼 방치되어 있다시피 합니다. 그런 의미에서 우리 내면은 답사하고 개척할 곳들이 무수히 널려 있는 거대한 미지의 프런티어라고도 할 수 있습니다.

우리는 바깥 세계에서 어떤 일, 어떤 사건들이 일어나고 있는지는 잘 알아도 자기 내면에서 어떤 생각, 어떤 감정이 흘러가고 있는지는 거의 알아차리지 못하는 경우가 많습니다. 특히 무감정 상태의 목석 같은 사내들(왕년의 명배우 존 웨인으로 상징되는)은 화가 나도 자기가 화나 있는지 잘 모르죠. 그저 저 놈이 나쁜 놈이니 응징해야 한다고만 생각하고.

명상은 이렇게 바깥 세계로만 향해 있던 시선을 거두어 그간 거의 알아차리지 못하고 지내왔던 내면에 빛을 비추는 행위입니다. 사실, 우리 내면에서 끊임없이 연속되는 생각은 본질적으로 과거와 미래에 갇혀 있습니다. 좀 더 정확하게 말하자면, 과거의 일에 대한 후회와 자책(지금 알고 있는 것들을 그때도 알았더라면), 미래에 대한 불안과 두려움(못 먹고 못살게 될까봐)에 쏠려 있죠. 이게 사실인지 아닌지는 각자 자기 내면에 수시로 출몰하는 생각을 가만히 주시해보면 누구나 쉽게 알 수 있습니다.

그렇기 때문에 우리는 밝게 깬 상태에서 생생한 현재, 곧 지금 여기에서now and here 살지 못하고 (현존하지 못하고) 늘 죽은 과거의 무덤에서 헤매거나 아직 오지도 않은 미래에 대한 불안과 두려움에 사로잡혀 지내게 됩니다.

명상은 우리 마음이 이렇게 흘러간다는 사실을 알아차리게 해주고, 매순간 자기 내면에서 흘러가는 생각, 그것에 동반된 감정과 느낌을 주시하게 해서 그것들로부터 해방되도록 도와줍니다. 생각과 감정에서 해방되는 길은 그것들이 무성하게 일어나도 억누르거나 부추기지 않고 있는 그대로 알아차리면서 놓아주는 것let it go(어디서 많이 들어본 가사죠?)입니다. 말하자면 그것들에 꼴깍 빠져 정신 없이 휘말려 들어가면서 공허한 이야기의 한없는 오디세이, 천로역정을 엮어내는 것이 아니라 매순 간 깨어나 알아차리고 주시해야 합니다. 그래야 생각과 감정이 말아내는 가짜 세계가 아니라 진짜 세계 속에 생생하게 현존할 수 있죠.

우리는 흔히 자신이 자기 의지대로 살고 있다고 생각하지만 사실은 자동조동장치autopilot에 실려 정신없이 떠내려가는 경우가 많습니다. 그럴 때 우리는 그 조종장치를 꺼버려야 하는데 명상은 바 로 이렇게 할 수 있도록 훈련하는 일도 됩니다. 우리는 그 조종장치를 꺼버리는 일을 흔히 마음챙김 mindfulness, 혹은 붓다 재세 시에 사람들을 가르칠 때 썼다고 하는 팔리어로 사티(한자로는 念)라고 합 니다. 염念이라는 한자는 이제 금今자에 마음 심心변이 결합된 글자로, 풀어서 설명하자면 마음으로 늘 현재 속에서 살아가라는 뜻이 내포된 말이기도 합니다.

명상은 이처럼 우리가 진정으로 자유롭고 해방된 삶을 살기 위해 누구나 꼭 해야 하는 훈련이지만 상당수 사람들은 그것을 그저 깨달음을 추구하는 본격적인 수행자들 혹은 종교인들이나 하는 것으 로 오해하는 경우가 적지 않습니다. 사실, 명상은 숨을 쉴 수 있는 이들이라면 누구나 다 할 수 있고, 또 우리 심신의 건강을 위해서라도 꼭 하는 것이 바람직한 훈련입니다.

명상이 우리 몸과 마음에 안겨주는 이익은 아주 많아서 구체적으로 열거하자면 수백 가지나 되며, 또 그런 이익들은 이 시대의 과학자들과 의학자들이 과학적이고도 객관적으로 충분히 입증해왔습 니다. 그 대표적인 것들을 꼽자면, 우선 신체적인 이익의 대표적인 것들로는, 스트레스에서 벗어나 게 해주고, 두통과 편두통을 줄여주고, 신경계를 이완시켜주고, 알레르기를 줄여두고, 불면증에서 벗어나게 해주고, 심장마비와 뇌졸중을 줄여주고, 면역체계를 개선시켜주고, 감염을 줄여주고 혈압 을 낮춰주고, 콜레스테롤 수치를 줄여주고, 혈액순환을 개선시켜줍니다.

다음으로 정서적인 이익의 대표적인 것들로는, 자각도를 높여주고, 행복감을 높여주고, 폭식의 행 태를 줄여주고, 외로움을 덜어주고, 자긍심을 키워주고, 우울한 기분을 덜어주고.

그 구체적인 수백 가지의 이익은 이 책에 자세히 나와 있습니다.

하지만 그 외에도 명상을 지속하다보면 우리의 대뇌피질이 전반적으로 두터워질 뿐만 아니라 오 른쪽 전전두엽 피질(오른쪽 뇌)이 활성화됩니다. 그간 우리 인류는 이성과 판단과 비교평가와 계량 등과 관련된 왼쪽 전전두엽 피질을 주로 쓰는 바람에 영성과 관련된 오른쪽은 많이 퇴화되었는데,

명상은 우뇌 기능을 회복시켜줘 영성의 자연스러운 발현을 도와주고, 또 지금 여기에서 늘 생생한 현재를 체험하면서 과거에는 미처 알지 못했던 삶의 온갖 신비를 맛보게 해줍니다.

그런데 명상이 이토록 우리 모두에게 꼭 필요하고 중요한 것임에도 어째서 지속적으로 방석에 앉는 이들이 그리 많지 않을까요? 이 책의 강점은 바로 여기에 있습니다. 두 저자는 상당수 사람들이 명상이 그토록 좋은 것임을 알고 있음에도 막상 방석에 앉는 것을 방해하는 다양한 이유를 자세히 설명해주고, 그 해법을 친절하고 자상하게 제시해줍니다. 다시 말해 이 책은 누구나 쉽게 명상에 다가가서 쉽게 방석에 앉을 수 있게 도와주는 대중적인 명상 지침서입니다.

그간 국내에서도 명상에 관한 수많은 다양한 책들이 나왔지만, 대중이 기존의 편견과 선입견을 버리고 명상하기 위해 선뜻 앉도록 인도해줄 만한 책으로 이 책은 다시없는 책입니다. 항상 느끼는 것이지만 서구인들이 쓴 깨달음, 영성, 명상 등에 관한 책에서는 항상 대중 지향적이고, 또 말로 옮기기 힘든 것(不立文字)을 어떻게 해서든 말로 옮기려는 집요한 노력이 돋보입니다. 그런 점은 우리 동양인들도 배워야할 미덕이 아닌가 합니다.

이 책을 옮기면서 처음에는 일반적인 평어체로 번역을 하다 보니 무엇무엇을 하라는 내용이 아주 고압적으로 느껴져서 전부 경어체로 옮겼습니다. 영어로는 자연스러운 표현들이지만 우리말로 그냥 옮기면, '앉아, 눈 감아, 긴장 풀어, 복식호흡을 해, 이렇게 하면 돼 혹은 안 돼'라는 표현들이 아주 거북하게 느껴지기 때문이죠.

이 책에서 두 여성이 자상하고 따듯하게 들려주는 이야기들을 통해서 명상에 문외한이었던 많은 분들이 모쪼록 만사 제치고 일단 앉으셨으면, 그리고 이미 앉았다가 일어나 오랫동안 앉는 일을 멀리 했던 분들도 다시 앉는 계기가 되었으면 합니다.

2018년 10월 부여에서
김 훈